U1015501

ガミガミをやめれば子どもは伸びる

好妈妈跟我学
全球教子智慧

日本妈妈的正能量亲密教养课

[日]山崎房一◎著
滕玉英◎译

中国经济出版社
CHINA ECONOMIC PUBLISHING HOUSE
·北京·

“好妈妈跟我学·全球教子智慧系列”读者热评

正在踌躇要不要生老二，先学习一下吧。书中的很多观念都很好，让我增强了很多的信心！

——京东读者“jdxiaoyezg”《日本妈妈的两个孩子养育课》★★★★★评价

书里讲了很多两个孩子的家庭在孩子成长中会遇到的各种问题，让我这个即将成为俩宝妈的人对未来有了一些清晰的认识，在心理上做好了准备。

——京东读者“jd138116odw”《日本妈妈的两个孩子养育课》★★★★★评价

书很好，孩子很喜欢，后悔买晚了。

——京东读者“杨836”《日本妈妈的学霸小孩养成课》★★★★★评价

这是我读过的最有用的育儿书，推荐有娃的家庭，读的轻松，方法易上手，有作用。

——京东读者“36z”《日本妈妈的正能量亲密教养课》★★★★★评价

很喜欢日本书的风格，看着心情就能平静很多，内容不错，强烈推荐给大家。

——京东读者“xiaoxiasun6150”《日本妈妈的温柔批评课》★★★★★评价

日本教育理念的确有独到之处，有家长的帮助、好的学习方法、形成好的学习习惯，就一定能取得好的成绩，不是孩子聪不聪明的问题，而是有没有掌握好的学习方法，这本书推荐给其他家长，书里的方法很细致实用，可以教给孩子。它山之石可以攻玉，值得一读！

——当当读者“那样儿”《日本妈妈的学霸小孩养成课》★★★★★评价

买了一套，感觉很实用，有很多平时生活上的小例子，写得蛮好的，刚看了一本，挺受用的。

——当当匿名读者《日本妈妈的超级收纳课》★★★★★评价

日本人太细致，考试前怎么睡觉也专门出书讲解，话说作者还是研究睡眠医学的世家，专业背景很强。安排孩子考前的作息时间值得参考一下这本书！

——当当读者“阿嚏阿嚏”《日本妈妈的科学睡眠法》★★★★★评价

译者序

成为《日本妈妈的正能量亲密教养课》的译者时，我脑子里不由地闪出一个“巧”字。当时我家宝宝一岁两个月，开始有了自己的想法，开始调皮；我这个做妈妈的，也开始显现出爱唠叨的潜质。我正好急需这样一本书，来学习如何做一个不爱唠叨的妈妈。所以，一拿到书，我就迫不及待地阅读起来。

计划生育政策下出生的80后们，从小集万千宠爱于一身。即使已经成家立业，我们总觉得自己没有长大，还是个孩子，而这样的我们现在大多已成人父母。世上三百六十行，行行有规则，有入门门槛。但父母这个职业，这个影响孩子一生的职业，却没有相应的规定，也没有相应的标准。究竟该如何做父母，如何培养孩子，没人告诉我们，也没人指导我们。

在这本书中，已故的老先生山崎房一老师，通过浅显的道理，告诉我们该如何做父母，该如何和孩子相处。书中没有华而不实的空谈，没有冠冕堂皇的说教，也没有晦涩难懂的道理。有的只是肺腑之言，还有一个个鲜活的实例，以及一位位获益妈妈的心声。

山崎老师说："爱不是名词，爱是个动词；爱不是自然存在的，而是需要去创造的；藏在心里的爱不是真正的爱，爱要大声说出来，爱要勇敢表达出来。"妈妈对孩子的爱也不能是一成不变的，母爱应该分成三个阶段：本能之爱、情感之爱和理性之爱。孩子不同的成长阶段，需要不同的爱。妈妈需要在相应的阶段，给予孩子相应的爱。只有这样，孩子才能够快乐茁壮地成长，才能够勇敢、有担当、有思想。

本书不但教我们如何做妈妈，更教我们如何做自己。只有学会爱自己，才能更好地去爱别人。妈妈在爱孩子之前更需要爱自己，妈妈只有百分百地接纳自己，对自己有自信，孩子才会百分百地信赖妈妈、认可妈妈、喜欢妈妈，进而才会认可自己、接纳自己。

孩子呱呱坠地，哭着来到这个世界，因为他们不知道迎接他们的是什么样的父母，也无权选择这两个影响他们一生的人。作为父母，面对这样一个无助的小生命，我们必须担负起肩上的责任。成为父母易，做好父母难。让我们行动起来，捧起这本书，一起来学习如何做合格父母吧。

最后，感谢中国经济出版社和张博编辑，给予我拜读山崎房一老先生大作，并将其介绍给其他父母的机会。同时，向协助本书翻译的叶占营、丁红美、王玉娥、潘秀兰、叶长里表示衷心的感谢。译文舛误难免，概由译者负责，敬请批评指正。

滕玉英

2015 年 10 月于河北廊坊

作者序

与父母成为朋友，孩子就会变得勇敢。

距离上一次与妻子单独外出旅行已经有好几年了，最近位于日本东北的仙台电视台邀请我与评论家草柳大岁先生参与一个访谈节目的录制，我和妻子终于又有机会一起出行了。虽然我经常游走于全国各地进行演讲，但去仙台还是第一次。并且此次是在电视上进行访谈，与以前的演讲相比，我的心情稍微有些紧张。

看到我与往常不同的心神不安的样子，妻子故意说道："太好了，我一直想去松岛玩。"说完，她小声念起芭蕉的俳句来，"松岛呀，啊松岛呀，松岛呀"，[①]俳句吟咏看无法用语言表达的松岛的优美景色。

体会到妻子的良苦用心，我说道："那我们一起去吧。"

就这样，我俩乘上了开往东北的新干线，向仙台出发了。

一想到结束电视台的工作后，可以和妻子一起游览松岛，我不由地兴奋起来。车窗外风景如画，车上的便当味道鲜美，天空万里无云，这次愉快的旅行拉开了序幕。

吃完便当后我竟不知不觉地进入了梦乡，一段时间后一个孩子啪啪的脚步声把我从梦中叫醒了。

"安静一点！"

其实，把我从舒适的睡眠中吵醒的不是孩子的脚步声，而是随后传来的他的妈妈那严厉的训斥声。

孩子的妈妈如同阎罗般瞪着他，生气地训斥道：

---

① 译者注：《松岛》是江户时代后期相模国（神奈川县）的狂歌师田原坊所著，本作品一度被误认为日本徘圣松尾芭蕉所著，其实为误传 。

“为什么不听妈妈的话！”

我感觉到非常不可思议，这个妈妈为什么对自己的孩子有这么大的怒气呢？

车窗外，阳光依然明媚，满眼都是美丽的田园风光，列车像风一样疾驰。

但是，这位母亲完全无视窗外的如画风景，只是像对待罪犯一般瞪着自己的孩子。

阎罗——是的！这位妈妈的脸，就如同地狱中审问罪犯的阎罗一样可怕。被这样瞪着，别说是孩子，连我这个大人也觉得心惊胆战。

看到这样一张脸，我的心情立刻一落千丈。

不仅是我，旁边所有的人看到这样一张凶神恶煞般的面孔，心情都会变得糟糕吧。为了躲避这张凶恶面孔，我只能无奈地关上心门，把自己封闭起来。

人之所以会变得不幸，就是因为生活里缺少善意。缺少善意的地方，就只有孤独和失望。

如此一来，事事都会不顺。不仅心情不畅，人也会萎靡不振、无精打采。

相反，如果我们面对的是一张笑脸呢？我们会变得勇气十足，觉得人生快乐无比。

笑脸与怒脸，在此就是天堂与地狱的区别。

果然不出所料，被妈妈训斥的孩子独自坐在座位上，呆呆地看着窗外，脸上写满了“我不高兴”。

那位妈妈在训斥了孩子之后，心情好像也非常糟糕。

此时我脑海里突然浮现出以前“妈妈心理学课堂”上的一个场景。

讲座刚开始的时候，妈妈们几乎都像是马戏团的驯兽师似的，横眉竖眼，表情非常严肃，她们认为对孩子的教育就是要严厉。但是随着讲座接近尾声，她们的表情变得越来越柔和。

“妈妈和孩子的关系，必须是朋友关系。”当意识到这一点时，妈妈们突然变得笑容满面，和蔼起来。

讲座结束后，所有妈妈都变成了温柔的美女，表情非常柔和。当她们知道教育孩子最基本的是“与他们建立友情”时，对孩子和自己的那些焦虑、不安和不满等负面情绪都一扫而空。

为什么像朋友一样与孩子相处能够让妈妈们的面部表情轻松起来呢？本书将为您解开其中的秘密。

用“友谊”来构筑母子关系，孩子就会拥有无限勇气。

友谊和勇气到底是什么？它们之间有怎样的联系？这些疑问稍后将在本书中进行详细讲解。

在此，我想再强调一遍：教育孩子的过程如果缺少友谊和勇气，必将导致亲子关系不睦，双方无比痛苦。

这次旅行，我在游乐场、饭店以及列车中碰到了很多父母及他们的孩子，他们的表现屡屡让我失望。到处都是心情糟糕的母亲和无精打采的孩子，最终也没碰到一对脸上洋溢着笑容的母子。他们之间没有友谊，有的只是冷淡。没有笑容的母子，是不幸的母子。

母亲给孩子一份友谊，孩子还您一份勇气。就让全新的母子关系从这里开始，向孩子们展露出你们的笑容吧。

如果您只是阅读本书，那将毫无意义。教育孩子不仅需要思考，更需要通过语言和行动给予孩子勇气。当孩子获得勇气茁壮成长时，送给他们温暖的鼓励吧。

山崎房一

目录

第一章　孩子期盼妈妈的“友谊”

第二章　妈妈要给真实的自己满分

第三章 孩子渴望父母的理解

第一章

孩子期盼妈妈的“友谊”

亲子关系中缺少友谊，必将导致不睦，

双方都会痛苦不堪。

1. 了解情感是育儿的基础

每当有育儿烦恼的妈妈来向我咨询时，我都会问她们一个问题：“你是儿子（女儿）的好朋友吗？”

她们无一例外对我的问题感到很吃惊，随即摇摇头。

她们之所以来找我都是因为“孩子一点也不听话”或“孩子的表现与自己期望的不符”。也就是说，这些妈妈们只是想让孩子单方面地服从命令，“想让孩子听话”，根本没有想过与孩子建立对等的友谊关系。甚至还有母亲瞪大眼睛惊奇地反问我：“友谊？老师，他是我的孩子呀！”在她们看来，母子之间根本不需要友谊。

遇到这样的母亲，我就需要和她们细细谈论下面这个问题，揪出破坏她们母子关系的“罪犯”来。

母爱对三岁以上的孩子有害?!

没错，“它”就是横在我们面前的一个很难跨越的障碍。如果不尽快除掉这个障碍，它将横亘在育儿的道路上，阻碍母子关系的正常发展。但是很少有人意识到这一点。相反，妈妈认为“它”才是维系母子关系不可取代的重要因素。

“它”的名字就是母爱。

您是感到十分意外，还是感到醍醐灌顶、豁然开朗？

母爱与爱是不同的。爱是人的正常情感，而母爱是一种本能。

很多母亲不愿意接受这个事实，所以她们的育儿之路无比纠结和痛苦，最终累了自己、苦了孩子。

如果意识到母爱本能与爱的差异，那么挡在育儿路上那巨石般的障碍就会骨碌骨碌滚落谷底，彻底地从我们眼前消失。母子关系应该基于超越本能的母爱。

去掉了母爱本能的外衣，妈妈就能站在更客观的角度，更加清醒地观察自己的孩子。孩子不是完全受自己控制的“小宠物”，而是与自己平等的独立的人。

这样妈妈们就能明白，“母子关系是人与人之间的关系”，维系母子关系的不是“本能的母爱”，而是

“友谊”。也就是说，父母与孩子之间，需要的不是本能的爱，而是人与人之间的关怀与体谅。

人与人之间的感情关系正是本书的主题。亲子关系中去除了本能的母爱，就会变成友情关系。因此，只有当“喜欢”“讨厌”成为育儿的主题时，友情才能在“喜欢”的基础上发芽。

对于孩子来说，本能的母爱不是爱，而是举着母爱大旗的专制。孩子因为讨厌妈妈，所以不听妈妈的话。当他们开始懂事，已经不会轻易屈服于母爱了。

朋友和夫妻之间最重要的是喜欢、讨厌等情感、彼此间的体谅，以及为维护关系而做出的努力，这是人际关系的基础。

人与人之间的良好关系是需要友好、关爱、同情这些温暖的情感来支撑的。如果没有这些温情的存在，毫不夸张地说，世界将是一片黑暗。

如果心中充满了愤怒、不服、憎恶，又怎么能够建立和谐的人际关系呢？

接下来向大家介绍一下在妈妈心理学教室上课的妈妈们的听课心得。

妈妈心语

亲子关系从“命令·禁止·强制型”变为“情感关注型”后，孩子日益振作起来

以前，我从早到晚在不断地唠叨两个孩子，直到听到山崎老师说“唠叨不是教育”时，才渐渐地开始控制自己的唠叨。我与邻居妈妈谈起自己这种心境的变化时，对方付之一笑，说：“你这是理想主义。看着熊孩子我是管不住自己的嘴巴的。”

这时我突然意识到，我爱唠叨或许并不是因为孩子，而是因为我不淡定的内心。一看到孩子，我下意识地就想去唠叨他们，不唠叨他们几句心里就不痛快。烦躁焦躁的时候，我唠叨得会更厉害。

听到邻居妈妈的话，我意识到自己陷入了“不唠叨几句心里就不痛快”这种内心焦躁的漩涡。但是，我不能像那位妈妈那样一笑而过。因为在老大的成绩单通知栏里，老师写道：“情绪上有点问题。”当看到老师的评语时，我并没有安慰孩子：“不要担心，改掉粗心大意的毛病，成绩自然就提高了。”我只是一味地训斥孩子。面对六神无主的孩子，我像疯狗一样大发雷霆，甚至骂孩子是笨蛋。

小时候，妈妈对我非常严格。一旦犯错，我就会受到严厉的批评。妈妈当时的样子总让我担心会挨打，不知不觉中，我也继承了妈妈的脾气。我在停止乱发脾气后才意识到，一直以来孩子们都在小心翼翼地看我的脸色行事。如果没有我的指示，两个孩子从不主动的干任何事情。特别是老大，经常责怪他妹妹未经我的指示或命令就擅自行动。看到这种情形，我深刻地意识到唠叨孩子的罪过。

孩子在我的命令声、斥责声中苦苦挣扎。“受妈妈支配的孩子，他们自己不会独立思考，都是通过妈妈的头脑来思考问题。”老师您说的这种情况，的确就是我家的现状。

“按照你们自己的想法去做”“妈妈以后再也不批评你们了，所以不必再看妈妈的脸色行事了”，虽然我反复向孩子们强调这一点，但是孩子们好像还是手足无措。

想起老师您曾经说过“和孩子一起欢笑，一起悲伤”，于是我开始想方设法与孩子们多接触，偷偷地观察孩子的心理活动，询问他们一天发生的事情。遇到伤心的事情与他们一起叹息，遇到有趣的事情和他们一起开怀大笑。

“这是你的不对”“还有其他的办法吧，动动脑子好不好”。以前我对待孩子的方法实在是太冷淡、太粗暴了，现在想来我都非常地痛恨自己。

现在的我再遇到类似的情况，会温柔地安慰孩子说：“太遗憾了。虽然你很想与小朋友和好，但是小朋友们不谅解你。没关系，妈妈给你颁发一个‘遗憾奖’吧，奖品是陪你下三盘黑白棋。”看到孩子高高兴兴去搬棋盘的背影，心中暗自后悔“以前为什么总是爱唠叨孩子，总是对孩子那么冷淡呢”。

有一天，我搂着老大对他说“妈妈喜欢你”。老大听后睁大眼睛吃惊地问我：“妈妈，真的吗？您能再说一遍吗?”听到孩子的反问，我的心像被针扎了一下，孩子竟对“喜欢”这个词如此渴望，这让我的内心久久不能平静。

老大接着又问：“妈妈，你是喜欢惠子（妹妹）还是喜欢我?”

妈妈的关爱和理解是孩子获得成长的动力。

不知道我的回答是否恰当，因为当时我只有一个念头，不能再让孩子失望了，于是我对他说：

“不要告诉惠子呀，这是咱俩之间的秘密。妈妈更喜欢你，因为你是妈妈的第一个孩子呀。”

听了我的话后，老大脸上充满了自豪。

几天后，老大的行为就有了变化，开始主动照顾妹妹惠子了。他得到零食时，也一定会问：“妹妹的呢？”甚至开始帮妹妹遮掩错误。

丈夫最近也注意到了老大的变化，笑眯眯地对我说：“老大最近像个大孩子了。”

停止唠叨6个月后，老大拿回了第二学期期末考试的成绩单。一看到成绩单，我禁不住高声欢呼。他的成绩单上一个“2”也没有了，两个“4”像小星星一般在那里闪闪发光。①

老大也非常高兴，用那双明亮的大眼睛一直盯着我的脸。此时我唯一能做的就是搂住孩子，轻轻地和他道一声歉：“以前是妈妈不好，让你受委屈了。”

① 译者注：成绩单为5分制。

实际上，育儿最重要的是父母与孩子之间的情感交流，以及在此基础上建立起来的坚如磐石般的信赖。

礼貌修养、学习成绩是其次的，最重要的是“爱的关系”。

“我喜欢温柔的妈妈，所以我会好好听妈妈的话。”这是孩子们努力的动力。

母亲的友情会给孩子带来勇气。认可、安慰、怜悯这些都会赋予他们勇气，激发他们的上进心。

所以在一个缺乏爱的家庭里，即使再高尚的教育方针，也是毫无价值的。孩子甚至会刻薄地称呼父母是“伪善者”“利己主义者”。缺乏爱的孩子会很容易看穿父母说教的伪善。

充满爱的家庭，离不开妈妈的笑容。对于孩子来说，妈妈的笑容是世界上最让他们安心的表情。

因此在一个家庭里，如果妈妈郁郁寡欢，那么不仅是孩子，连丈夫也会心情沉闷。家里飘荡着的只有冷淡的气氛，没有一丝温情。

如果妈妈每天都笑呵呵的，孩子一般成绩都很好，也非常有活力。因为母亲的爱，能够让孩子心无旁骛地去做自己喜欢的事情。

同理，如果妻子非常贤惠，丈夫也会精力充沛，更容易在公司里出人头地。

母亲的笑容就如同魔法一样，让周围的一切都充满不可思议的活力。因为笑容表达的是爱，爱让亲人们充满活力。

唠叨是孩子自立的克星

最近，一个妈妈满脸愁容地找我咨询，因为她家孩子成绩急剧滑坡。

我对她说：“对他人和自己过于严格会适得其反。来，笑一下。”

令人不可思议的是，这位妈妈竟然不会笑。尽管她想笑，但是她的脸部肌肉非常僵硬，她笑不出来。她能够理解复杂的道理，却连一个简单的笑容都做不到。于是这位妈妈认真地问我：“老师，我是不是哪里有问题？”说这话时她皱着眉头，表情十分严肃。

每天都面对着这样一个表情严肃、毫无笑容的妈妈、妻子，每天耳边都回荡着她的抱怨和唠叨声，孩子、丈夫真的是会疯掉的。

最终，这位妈妈得了抑郁症，不得不去神经科接受治疗，三个月后才有好转。毋庸置疑，妈妈的抑郁症治好后，孩子的成绩开始有所提高。

当然，这是极端的例子。但是根据我的经验，那些拼命想控制孩子的妈妈们、那些用威严压抑孩子的妈妈们，不知不觉中就忘记了对孩子露出笑容。

如果妈妈这样对待一个成年人的话，想必对方早就逃之夭夭了。因为谁都不想有一个令人这样不快的朋友。但是作为孩子，不管他们每天有多不高兴，也无处可逃。孩子们一下子就被抛入了不幸的深谷苦苦挣扎时头顶还飘荡着这样的声音：“说过多少遍了，为什么你就是不听?”“好好听妈妈的话。”

别说与孩子进行情感交流了，母子之间甚至连一丝的友情都不存在。

孩子大部分情绪上的问题，都是这一类“情感的问题”。不进行感情上的交流，就如同汽车引擎发生了故障，无论如何踩油门，如何打方向盘，汽车都不会前进一步。

这类问题的最终原因还是在妈妈身上，因为妈妈对孩子的爱没有明确表达出来，作为动力的发动机——“情感”出了问题，所以，想要孩子快速跑起来，这是不可能的。

其实很多母亲都明白“爱”在育儿过程中的重要作用。只要能够温柔地对待孩子，孩子也会非常配合，非常顺从。但是，不知从何时起，妈妈们忘记了教育孩子时“爱”的重要性，把“命令”“禁止”“强制”当成育儿的王牌，对待孩子表情严肃，虎视眈眈，这实际是本能的母爱所带来的弊端。

本能的母爱不是爱，只是“本能的牵绊”

把唠叨当作教育方式的妈妈们在第一个跨栏处就已经犯规。

整天抱怨孩子“有逆反心理”“没有干劲”“疯疯癫癫”的妈妈们，无一例外都是有很强控制欲的独裁型妈妈。整天唠叨孩子、训斥孩子的妈妈们，也属于这一类型。在她们的意识里，与孩子之间跟本不需要什么“友情”。

而不能与妈妈建立友情的孩子们由于感受不到家

的温情，很容易关上自己的心门。这样，妈妈会变得更加严厉，于是就陷入一个恶性循环。原本依靠爱就能够完美解决的“亲子问题”，就这样开始扭曲变形。

不过，只要能够处理好这种“扭曲”，育儿中的问题立刻就会轻松解决。只有能够心平气和地看到自己孩子的优点，孩子才会顺其自然，茁壮地成长。

亲子关系出现扭曲的原因就在于，母亲用“本能的母爱”来对待自己的孩子。

本能的母爱是属于“爱”的前半阶段的最原始的感情。人类受惠于这种本能的母爱，它标志着人类成长的第一步。但是这种母爱本能只适用于三岁以下的孩子，而对三岁以上的孩子是有害的。原因就在于，本能的母爱是在忽视孩子的感情和人格的基础上形成的。本能的母爱的另一层本质就是它不认为孩子拥有独立的人格，也不认为孩子是拥有各种情感的独立个人，它实际上就是一种暴君的思想。因此她们理直气壮、理所当然地唠叨、训斥孩子，而没有丝毫的包容与体谅。对孩子越依恋的人，这种倾向也就越明显。

本能的母爱到底是什么？我们需要先把这个问题弄明白。

婴儿是没有独立人格的。如果认可婴儿的独立人格，那么负责照顾这个小暴君的妈妈将无立足之地。婴儿喝奶、换尿布、换衣服，甚至连睡觉都离不开妈妈。可以说婴儿在这个阶段是作为妈妈身体的一部分存在的。

在这个阶段，母爱就是万能的。妈妈奋不顾身地把全部的母爱倾注给这个小生命。

如果这个阶段没有本能的母爱的话，那么这个十分任性、十分暴躁、生活不能自理、完全需要依靠他人的小婴儿，就有可能被妈妈疏远、厌烦。

母爱会让妈妈把孩子看作自己的分身，不管婴儿如何闹，也不会丢弃不顾。反之，妈妈也没有把婴儿作为一个有独立人格的人来看待。

妈妈在不厌其烦地照顾婴儿，全身心地保护婴儿的同时，她们也把婴儿看作自己的一部分，自己能够完全地支配他。

婴儿与妈妈的关系，不是独立的人与人之间的关系，而是通过本能的羁绊连接在一起的。因此他们之间存在的不是平等的爱，而是依存与溺爱的关系。

妈妈心语

不靠本能的母爱，而靠情感交流（信赖、友情）维系的母子关系，会使孩子活力十足

在讲座上得知“本能的母爱不是爱”“唠叨的本质是本能的母爱”时，我非常震惊。一开始我是比较抵制这种观点的，但是通过实例并听了老师的讲解后，我渐渐认可了这一观点。本能的母爱的确不能把爱传递给孩子。

一直以来，我就是一个爱唠叨的妈妈，无意识中把孩子当成了自己的一部分。一方面，为了孩子我可以付出自己的一切；另一方面，我不得不承认，在内心深处我以自己为中心，甚至存在着自己离世那一天也把孩子一起带走的可怕想法。

这其实是很容易混淆为“爱”的本能的母爱在作怪。因此不管我如何苦口婆心地告诉孩子这就是“爱”，这种“假冒的爱”都不能传递给孩子。

对我来说，我是很难接受老师讲授的“本能的母爱和爱是不同的”这一观点的。于是我准备了很多反驳的例子，想在发言的时候一吐为快。但听老师讲到“孩子们特别期盼妈妈温暖的话语”时，我意识到我的确做错了，此时从内心认可了老师的观点。同时我也意识到，这一周，我没有对孩子说过一句让他们感到温暖的话。

老师讲述了一个“母子自杀”的故事。在美国，母子自杀是犯罪，但在日本却被当作值得同情的悲剧。在听老师讲到“本能的母爱中包含着杀子的倾向”时，我感到非常震惊也非常抵触。但是，在我的内心深处也发出了这样一种声音：“不能成为愚蠢的母亲。”

孩子对于本能的母爱一方面有强烈的依赖感，另一方面又存在着本能的恐惧感。听老师讲到这里，我脑海里不由得浮现出自己家的老二。他是一个爱哭、胆小的孩子，越是批评他，这种倾向就越严重。

课程开始的一周里，我努力把“教育”“教养”等词汇从脑子里清除出去，努力让孩子心情愉快，时刻对孩子保持笑容，经常倾听孩子的心声。但是，每天我还是有几次忍不住的时候，话到嘴边了，硬把它们吞了回去。管住自己的嘴，放松对孩子的管教，也是需要一定努力的。

终于有一天，我发现孩子在我面前不再那么放松、随意了。他们的笑容、话语变少了，仿佛他们转过了身，把后背留给了我。即使我主动和他们说话，他们也是一种拒我于千里之外的态度。

那时我感受到了前所未有的孤独。母子之间已经不能心心相印，可作为母亲的我不但没有意识到这一点，反而还继续训斥他们、唠叨他们。我想起以前的做法，感觉自己非常可悲。

以前的我看到对我关上心门、什么都不对我吐露的孩子们，不但不进行反思，反而像警察似的不断地责问他们：“你这什么态度？给我把话说清楚！”

所以，当我尽量控制对孩子的责问后，我与孩子之间突然变得无话可说。我是一个从未对孩子说过暖心话的妈妈。

一开始，只不过是想忍耐一周。如果没有效果的话，就继续贯彻我以前的教育方针。但是，看到孩子们的表现后，我的想法改变了。停止唠叨之后，我才有幸看到了孩子真实的一面。既然要扮演一个不唠叨的温柔的妈妈，至少要扮演到孩子能够在我面前卸下伪装，表现出自己真实一面为止。

我把这个计划告诉丈夫后，他也非常赞同，同时也道出了自己的心声：“不仅孩子忍受不了你的唠叨，我也受够了。”的确，以前丈夫在风和日丽时提议出去郊游，第一个跳出来反对的就是我。丈夫说道：“你总是立刻提出异议，不断抱怨，爱与其他人比较。这是你的一大缺点。”听了丈夫的这些话后，一直嘴上不饶人的我也无言反驳了。

一直以来我总是认为自己是正确的，自己的想法是最佳方法。但结果却不尽如人意。孩子们对我关上了心门，丈夫对我也是欲言又止。他们想对我说的话很多，却都憋在了心里。

我已经有两个月没有唠叨了，这期间我努力静静地在家里等待孩子回家，孩子回家后，温柔地照顾他们，不再去训斥他们。要想靠近孩子们那颗离我远去的心，我知道这些还是远远不够的。但是，丈夫说最近孩子们比以前快乐多了。

我在厨房洗菜的时候，大女儿会在我的身后说一些学校里发生的事情。看完电视后，大儿子会主动地回屋写作业。最让我欣慰的是，那个不擅长交朋友，被老师说过很多次的小儿子，最近竟然往家里带了三个朋友。在客厅里，大女儿和大儿子也加入进来。看着孩子们快乐玩耍的样子，我不由得松了一口气，我家的孩子们真是变了。我给孩子拿来了点心、果汁、红茶等，一开始孩子们非常吃惊，渐渐地也就习惯了我的存在，开始认真地玩他们的游戏了。

吃完饭后，小儿子和我讲起他刚刚学会的那个好玩的游戏。此时的我只是认真地听他讲，做一个好听众，不断地附和他。坐在一旁的丈夫也露出了满意的笑容。这种事情以前是从来没有过的。现在的我幸福满满，因为孩子们渐渐回到了我身边。

老师说过，育儿中出现的所有问题，都是由情感问题引发的。育儿同恋爱、交友一样，也是一种人际关系，也是存在着“好恶”“悲喜”等情感的。如果仅靠本能的母爱来育儿的话，就会立刻把这些情感问题抛到九霄云外。因为本能的母爱不认可对方是一个具有独立人格的个体，所以就不会注重感情的维系，而是理所当然地下命令。这就是序言里提到的难以跨越的障碍。

妈妈们一直认为“不严厉的话，孩子根本不当回儿事”“一给他们好脸，他们就会蹬鼻子上脸”。

在前文我曾说过，“母亲是一个想完全控制孩子的独裁者”。对孩子来说，妈妈这种强权的控制根本没有理由。但是对妈妈来说，她们有一个冠冕堂皇的理由，那就是——母爱。

她们以母爱为借口，来训斥、命令、支配孩子。

育儿时只要掺杂上母爱，那么母子之间必定会发生情感问题，因为母爱根本不是爱。所以孩子从母亲的态度和话语里感受到的都是严重的人格侵犯。

教育原本是人（母亲）与人（孩子）在独立人格的基础上进行的情感交流，但是母亲单方面地打破了这个规则。

有妈妈这样问我：“山崎老师，他们都是我的孩子，对自己的孩子客客气气的，能教育好他们吗?”好像我们又回到了“起点”。接下来，我将向大家讲述“如何把母爱升华成爱”。

2. 从“本能的爱”到“情感的爱”再到“理性的爱”

很多妈妈认为，爱与水、空气一样，一开始就存在于这个世界上。这属于盲目乐观主义，或者说她们仅仅看到了人生的表面，没有抓到其深层的本质。

“爱原本就是存在的。”这种乐观主义有时候会引发无可救药的悲剧和混乱。因为这世上原本没有爱，需要我们去努力培养爱。

爱仅指你对别人说的话和对别人的行为——这种说法或许更容易理解。“爱不是个名词，而是个动词。”

因此，“心中有爱”这一说法，只会伤人伤己，有时还会把我们的人际关系搞得乱七八糟。

爱不是一种“存在”，而需要去“创造”。如果两个人只是漠然相对无所作为，那么即使是母子，这种关系也会变得冷若冰霜。

为人父母不是“爱的证明”

有个妈妈坚信自己对孩子有无限的爱，却被孩子骂成“死老太婆”，并遭受到孩子的家暴。不管孩子如何打她踢她，她都一如既往地像“对待婴儿”一样对待自己已经长大的孩子。

这位妈妈错把母子关心当作“绝对的爱”。她不断地念叨这一句话：“你是我的孩子，你是我生的。”这句话让孩子越来越反感，最终激怒了孩子。孩子期盼的是人与人之间的爱，而母亲给他的只是絮絮叨叨的母爱。对孩子来说这种母爱不是真正的爱。

有个小姑娘患有严重的抽动症，现在她一看到妈妈就想逃跑。因为她妈妈一来医院就像神经质似的不断地叨念“快点好起来吧，快点好起来吧”。

据我所知，以前甚至还有一个16岁的少女，为了让妈妈为难，特意去做违法的事情。可悲的是，她妈妈一直认为这是因为“她女儿比别人差”，从来没有反思过自己。

实际上，这些妈妈比任何人都爱自己的孩子，只是她们没意识到，她们给予孩子的不是真正的爱，而是本能的母爱。爱应该是站在对方立场上为对方考虑；母爱本能则是母亲对自身感情的忠实反应。

孩子们都非常讨厌只有本能的母爱的妈妈。她们的妈妈已经完全破坏了亲子之间的“平等关系”，她们认为亲子关系就是伟大的“爱的证明”。

对孩子来说，这只不过是父母莫名其妙的固执坚持而已，他们不需要那些藏在心里的爱，他们需要以某种形式表达出来的爱。

如果妈妈们意识到“爱不是自然存在的”，就会明白爱是需要自己去创造的，不通过语言和行动，爱是不会传递给对方的。

遗憾的是，很多妈妈深信“母子之爱”原本就是存在的，自己什么都不需要做。于是妈妈们认为这就是真正的“爱”，在这所谓的“爱”的名义下，想让孩子完全受控于自己，完全按照自己的想法行动。

而孩子们却是拼命反抗。孩子们知道妈妈给他们的并不是真正的爱，只不过是充满控制欲、充满轻蔑、无视人格尊严的本能的母爱。

妈妈心语

告诉孩子“妈妈喜欢你”“妈妈是你的伙伴”“你是妈妈的宝贝”，孩子会变得活力十足

幼儿园老师说我家孩子可能有“情绪障碍”，我吓得两条腿直打哆嗦。老师说前几天在幼儿园进行的智力测试中，我家孩子得了最低分。

问了孩子相关情况以后，我发现原来孩子不喜欢考试，他自己采取了抵抗行动，在考试中要么把笔扔掉，要么钻到桌子底下藏起来。幼儿园的老师看到孩子的这些行为，判断孩子患有“情绪障碍”。

我家的孩子一开始就不喜欢上幼儿园，哭着去幼儿园成了每天的必修课。每天起床后，洗脸、上厕所、穿衣服，甚至吃饭都需要别人帮忙，自己什么也不干。我一说他，他就大哭，真拿他没办法。

我没结婚的时候就是某制作公司的经理，有孩子后也没有辞职，经常因为出差把孩子交给婆婆照顾。

丈夫抱怨我说，孩子之所以爱哭，就是因为我对孩子的冷淡造成的。

我去幼儿园，听到的是老师讲给我的骇人听闻的消息；在家里，我被看作是孩子教育失败的罪魁祸首。在这些压力面前，我感觉快要崩溃了。

正在此时，我听到附近有个妈妈说，有专门针对幼儿教育的培训班。于是我每周向公司请两次假，带着幼儿园放学的孩子参加培训班学习，但是学习的效果并不明显。正当我束手无策时，从报纸上看到了“妈妈心理学教室”的介绍，于是决定去试试。

第一周，我学到了“要想让孩子改变，妈妈先要改变”“改变孩子的三大魔法句子”。

从第二天开始，我就抛开了盘绕在心头的各种烦心事，尽量表现得很快乐。如果我的不安和焦躁会不知不觉地传染给孩子的话，那么要想改变孩子，首先得改变我自己。我就自己是否需要辞职一事咨询山崎老师时，老师给我的建议是：先试用一下三大魔法句子，看看效果如何，再决定是否辞职吧。听了老师的建议，我松了一大口气，在家里心情也变得轻松起来。

孩子不需要藏在妈妈心里的爱，他们需要的

是妈妈温暖的话语和理解的态度。

山崎老师说，我家孩子之所以如此任性，其实是想确认一下妈妈对自己的爱。听了老师的话后，我每天早上都努力帮孩子换衣服、洗脸，照顾他吃饭，并且在他耳边温柔地对他说：“妈妈帮你穿衣洗脸，都是因为妈妈喜欢你。”“妈妈是你永远的朋友。所以如果你不喜欢培训班，直接告诉妈妈咱就不去了。”晚上睡觉时，我摸着他的脑袋轻轻地对他说：“你是妈妈的宝贝。”

就这样一周之后，原本总是和奶奶撒娇的孩子开始向我撒娇，也变得爱说话了。更让我惊奇的是，早上的各项准备工作他也开始自己独立完成了。

老师还讲道：“孩子把妈妈刚收好的衣服扔得到处都是，用东西随便砸人，这些恶作剧都是孩子潜意识里想引起妈妈的注意而造成的。所以妈妈不要训斥他们，而是要向躲在房屋的角落里默默观察妈妈反应的孩子寻求帮助，让他们帮自己一起收拾。”

每天，让孩子坐在自己腿上，抱着孩子读会儿书，和孩子一起玩一会儿。孩子感冒生病时，立刻请假，陪在孩子身边，让孩子时刻感受到“妈妈是爱自己的”。

坚持了一段时间后，孩子渐渐地不再乱扔东西，也不随便破坏东西了。如果孩子问我："妈妈，你会为了我不去上班吗?"我会回答他："你身体不舒服的时候，妈妈就不去上班了。因为对于妈妈来说，你是最重要的。"听到我的回答，孩子脸上露出了愉快满意的笑容。

幼儿园的老师也对我说："最近孩子表现得特别好。"

听说我们每周都去的那个培训班将进行智力测试时，我非常担心。倒不是担心结果，主要担心孩子能不能够像其他小朋友一样，认真地答完题。这测试不是测试孩子，更像是在考验我，让我如坐针毡。考试当天，孩子在里面答题，我一直在外面祈祷。当看到从教室里笑眯眯走出来的孩子后，我心里的石头一下子落了地。以前幼儿园进行智力测试时，他在教室里大哭，不仅让老师非常为难，连教室的氛围都破坏了。现在看到他的笑脸，我感慨万千。

几天后，培训班发成绩单，孩子竟然得了一个大大的"优"，老师也表扬说"成绩不错"。这让我怀疑自己是不是听错了。回家时，我拉着孩子的手边走边聊天，绕了一大圈才回家。以前的所有痛苦，都烟消云散了。

“向孩子说出自己的想法，对孩子说一些温柔的话，是非常重要的。”衷心感谢教会我这些的山崎老师。

爱，是笑容，是温柔，是快乐，是温柔的话语，是富有爱心的行动，是充满温情的牺牲精神。

但是，很多妈妈只会命令、强制与禁止，只会从早到晚地唠叨孩子，只会给孩子一副严肃的表情。她们只会把爱藏在心里，在心里默念“妈妈是爱你们的”，这样一定会导致孩子的反抗。

孩子不需要藏在妈妈心里的爱，他们需要的是妈妈温暖的话语和理解的态度。

爱藏在心中，不表达出来，等同于没有。或许对于孩子来说，这种虚幻的爱没有更好。因为孩子被这种根本感受不到的妈妈的爱紧紧地束缚着，累得喘不过气来。

藏在心中的爱等于没有爱

爱藏在心中是很简单的事情，不需要花费任何精力；而用语言或行动表达出来的爱，却需要花费相应的时间、精力和金钱。比如实现孩子想去海边玩的愿望，是需要相应的开销和精力的。

和颜悦色地对孩子说“只要你高兴，想去哪里都行”，这是用语言表达出来的爱。

但是很多妈妈把需要表达出来的爱深藏在心底。这是一个很大的误区。不表达出来，不明示的爱，都不是爱。

妈妈们所谓“藏在心中的爱”，却经常以喋喋不休唠叨的形式表达出来。这样的爱，是对孩子的监视、责备，甚至是对孩子的攻击，这样的行为对孩子是非常残酷的。

很多妈妈错把藏在心中的爱当作真正的爱，完全没有意识到孩子真正需要的是明确表达出来的爱。除此之外，她们就只会不分青红皂白地唠叨孩子：“你这孩子怎么这么黏人！”“你这孩子怎么这么没精神！”

原因就在于这时的亲子关系已经不是爱的关系了。

每次有机会接触到问题少年和拒绝上学的孩子时，我都会对他们说：“爱是不存在的，需要自己用双手去创造。”

听到我的话，孩子们都会认真地点点头。其实孩子心里都明白，爱是有形的，但他们的父母没有意识到这一点，这就导致孩子非常憎恨自己的父母，最终成为教育孩子失败的典型。

孩子是爱的“现实主义者”。他们不认为世上的爱是泛滥的。他们既不是任人宰割的老好人，也不是反应迟钝的马大哈，更不是相信所谓的“无形的爱”的空想家。

孩子们都明白不付诸行动，不用语言表达出来的爱，根本不算爱。所以，如果他们感受不到父母的爱，就会感到非常寂寞。

爱是客观存在的，无须做任何努力。这样的想法与其说是对爱的误解，不如说是蒙住了妈妈双眼的迷信。

把本能的母爱变成真正的爱，这需要妈妈做出改变。

3. 为什么父母越“体谅”孩子，孩子越容易独立呢？

给予孩子的爱，必须有三个层次，并且是依次变化的。高中生所需要的爱和婴儿所需要的爱是不同的。

但是妈妈们很难做出区分，有的妈妈甚至不理解“为什么会有三种不同的爱”。

爱的三重奏

这三种不同形式的爱，并不是毫无关联的独立个体，而是有一定顺序和交叉的。它们是三重奏。

大家可以想象一下三重圆圈。

最里面的圆圈就是“本能之爱”。因此，这个爱是盲目的，适用对象是婴儿。

第二个圆圈是情感之爱。我把这个爱叫作“体谅之爱”，适用对象是幼儿。

最外的圆圈是以尊重人格为前提的“理性之爱”，

三种不同的爱分别满足不同成长

阶段的孩子对于感情的需求。

这是“人与人之间的爱”。这种形式的爱不仅会使亲子关系融洽，也有利于孩子加强与他人的交流。

婴儿时期需要的是本能的爱，这也是本能母爱的全盛期。这种爱，是完全受本能支配的，是没有任何道理的。妈妈把孩子当作是自己的一部分，盲目地倾注大量的爱。此时这种无条件的爱培育了孩子的信任感和乐于与他人交流的爱心。

幼儿时期是情感之爱，在这个时期妈妈需要做的是温柔地守望着蹦蹦跳跳玩耍的孩子。这时候爱和情感是一体的，感受到被爱的喜悦和爱的满足感，让孩子非常兴奋。

这个时期，妈妈应该十分清楚孩子的喜悦、惊恐、不满和悲伤。开始与妈妈有心灵的交流之后，孩子就会开始慢慢萌发人格意识，慢慢地学会把自己的欲望、好恶、喜悦与悲伤表达出来。

第三阶段就是理性之爱。虽然孩子还不够成熟，但是已经开始成为与父母拥有同样情感和理性的独立人。因此，这个阶段的孩子需要的是一对一的作为独立人的交流。

这个时期的孩子为了向大人显示自己已经长大，

特别爱逞强。其实在很多事情上他们的确可以被称为真正的“大人”了。这时的母爱如果与孩子期望不符的话，就会受到孩子的强烈抵抗。

如果妈妈用“适用于婴儿”的爱来支配、保护、干涉需要体谅和友情的孩子，会导致孩子强烈的不满。这就是逆反期的前兆。出现这些征兆时，很多妈妈却认为孩子“太不懂事”“你竟敢忤逆父母”，会更加严厉地训斥他们。

孩子无精打采、注意力不集中以及情绪不稳定等症状，从这时就开始萌芽了。如果父母对孩子三个不同阶段的爱切换不及时，孩子的心中就会产生一种饥饿感，很容易陷入不安和不满足的境地。

妈妈心语

妈妈的关爱和理解让孩子信心满满走进学校

今年5月初，发现孩子有不想去上学的迹象。

新学期一开始，矢光变得很没精神，让我非常担心。终于在装病休息了一次之后，他不想去学校了，每天早上去学校之前都会闹一通。

一开始，因为他装病偷懒的毛病，我狠狠地批评了他，丈夫还揍了他一顿。虽然他最后哭着出了家门，但却没有直接去学校。从此以后他上课经常迟到，我一周会收到好几次孩子上课迟到的家长通知。

我的儿子是3月[①]出生的，比其他孩子在很多方面都成熟得晚。上小学时，他比其他孩子小一些。按身高排队时，他总是排在最前面，做事情他也显得幼稚一些，在班级里好像总是拖后腿似的。

四年级的时候，儿子交到了好朋友，每天过得很愉快。但是，五年级后，他突然变得无精打采起来。那时孩子换了班主任，与好朋友的关系也破裂了，但是我没有把这些变化当回事，认为只要熟悉了新老师，交到新朋友，孩子自然就能像从前一样了。

完全没想到孩子会拒绝去学校，我一下子惊慌失措，只知道训斥孩子。老公也束手无策，只知道大发

① 译者注：日本每年4月开学，1月1日至4月1日出生的孩子是6岁上学，4月1日以后出生的孩子是7岁上学。

脾气，说我“过于娇惯孩子”等。

我家孩子一直以来非常温顺，从来不和父母顶嘴。但是开学两个月以后，他经常把书包里的东西从窗户扔出去，把课本撕破，把铅笔掰断，他拒绝上学校的态度越来越强硬。一直大发脾气的老公对于孩子顽固的态度也无计可施了。

我去学校找老师寻求解决办法，老师也只是感叹“真是没办法啊”，给不出一点有用的建议。

碰到邻居和其他孩子的妈妈，他们总是安慰一句“真是辛苦哦”，然后刨根问底地打听孩子的情况，不知不觉中我成了满足其他妈妈强烈好奇心的对象，出门对我来说成了一件非常恐怖的事情。

平日里，孩子的朋友们都在学校里认真学习。如果孩子不拒绝去学校的话，我也会洗洗衣服、买买东西，过得非常忙碌。但是现在一想到孩子拒绝上学，我就会觉得脸上无光、怒火中烧，感觉自己都快得神经病了。总之，自从孩子拒绝去学校后，我们夫妻俩也变得无精打采起来。

在我快精神崩溃时，孩子的外婆从老家过来，陪我聊天。正处于极端焦虑状态的我，听到外婆对孩子说“想去学校的时候再去吧”时，不由得歇斯底里起来，与外婆发生了口角。

几天后，孩子的外婆打电话告诉我一条热线新闻，说川崎市正在举办“拒绝上学咨询指导讲座”。第二天我就立刻报名参加讲座。

在讲座上我学到了一个新词汇——“自我肯定的力量”。这个理论告诉我们：人如果不能自我肯定，是不会有所进步的。过于批评自己、批判自己，或者对自己过于苛刻，都是一种自我否定，这只会给自己的生活热情泼冷水。

听了老师的话，我意识到以前的做法完全是一种自我否定，对儿子也是一样。“其他的孩子都会，为什么你不会呢?”

我回家与老公商量，老公大力支持我学到的方法，决定试着去理解孩子的想法。这个方法就是对孩子表现出同情，握着孩子的手对他说：“儿子，妈妈知道你很痛苦。但是没关系，爸爸妈妈永远是你的坚强后盾。”

暑假，我们除了带孩子去冲绳玩，老公还带着孩子去钓鱼、去游乐场玩，让孩子的心情来个彻底大放

有了对自己的肯定，孩子才能信心满满地去学习。

松。老公改掉了“你真笨啊”的口头禅。看到父子俩笑嘻嘻地一起尝试着做事情的样子，我不由地嘴角上扬，同时意识到自己也必须加油了。我要给孩子灌输一个“自己很棒”的信念。

孩子一直落后于同班同学，他承受着巨大的压力，还不断受到父母的批评。在这双重夹击下，孩子怎么会不丧失自信心呢！

山崎先生就曾经出现的孩子相继自杀的事件进行了如下分析。

“经过我们调查，所有自杀的孩子都被要求写过‘检讨书’。让孩子彻底地进行反省，就是不断地让孩子进行自我否定。”

听了老师的话，我的后背直冒冷汗。因为我们一直以来的做法就是要求孩子不断进行反省，不允许他辩解。

孩子因为年龄较小，很多其他孩子已经会做的事情他都不会。看到他若无其事的样子，我们非常着急。为了激发孩子的上进心，我们经常敲打他，说他是个“笨蛋”。这些行为都无意识地践踏了孩子的心灵。

暑假接近尾声，9月孩子是否会去学校的事情我已经不介意了，因为此时我的想法发生了改变。如果孩子还不想去学校，那就休学一年，明年4月重新再上五年级也没有关系。

回想一下，孩子拒绝上学后，不仅是他自己，连我和老公也都因此发生了很大的变化。以前我们不分青红皂白就劈头盖脸训斥孩子是个笨蛋，一直否定孩子，孩子也一直默默忍受着我们的高压专政。

现在一切都变了。孩子变得主动了，不再看我的脸色行事，自己在房间里制作塑料模型。做好的机器人、汽车等，他都会自信满满地摆在门口的鞋柜上。

前几天，孩子用了半天的时间整理课本、笔记本和铅笔盒，好像慢慢地在为重新去学校做准备了。自从我们不再打击孩子，不再骂他是“笨蛋”后，孩子一天天地变得活泼起来。

孩子问我们：“我不去学校，老师会不会批评我呢？”我坚定地告诉孩子：“这不是你的错。”听到我的话后，孩子的表情一下子轻松起来。不知是不是我的错觉，听了我的话后孩子的脸色看起来特别好。

追记——这个孩子没有辜负妈妈的期望，从9月份开始去学校了，一年后成绩也慢慢地提高。他妈妈非常高兴地写了这篇文章。

这三个阶段，根据年龄可进行如下划分：

①盲目的爱——0岁到3岁——本能的母爱

②感性的爱——4岁到6岁——同情

③理性的爱——小学到高中——友情

要想掌握育儿之道，必须牢记育儿路上这“三重奏之爱”，孩子希望从父母那里得到这样“分成三个层次的爱”。但是，这三重爱之间并不是泾渭分明的。也可以这样说，育儿过程就是不断修补“失败”的过程，修补三个不同时期爱的转换的“失败”的过程。

在爱的转换上所有人都会经历失败，完美的育儿过程是不存在的。

接下来，我们需要依据这三个阶段理论，补充相应的不足之处。

父母的冷淡会引发孩子严重的亲情饥渴

有些中学生还向父母寻求本能的爱，这时需要再让他们感受一下被父母本能的爱包围的感觉，因为他们在婴儿期没有充分地享受这种本能的爱。

如果孩子想要同情心，那么就给予他们足够的同情心。因为他们幼儿期缺乏由父母同情带来的喜悦感。

育儿的关键就是，进入某一时期，就给予孩子这一阶段足够的爱，但是也不能完全抛弃前一个阶段的爱。因为对于孩子来说，他们既希望获得新形式的爱，也不想失去目前的爱。

婴儿时期，本能的爱和肌肤接触就会让他们心满意足。进入幼儿期，他们既需要新阶段的爱，即同情心，也需要保留前一个阶段的本能的爱。

友情之爱也是一样。即将长大的孩子需要的是友情，但是母亲也需要时刻准备好“本能之爱”和“同情之爱”，以备不时之需。

因为在前一个阶段如果没有充分享受妈妈给予的

爱的话，到了下一个阶段，这种“不满足感”会经常被唤醒。这就是我们常说的“某某情结”。

已经上中学的孩子向妈妈撒娇；上高中的女儿为了得到妈妈的支持（同情），就像妈妈的跟屁虫似的走到哪跟到哪，喋喋不休说不停。这时候妈妈需要做的就是“让孩子撒娇”“给与孩子同情心”，满足他们前一阶段的爱。如果拒绝孩子的话，孩子就很有可能被这种“情结”压垮。

本能的爱、同情心、友情都是感情的基本形式。它们如同食物一样，是需要足量供应的，如果摄入不足就会进入饥饿状态。

关于饥饿状态我在前面已经进行了说明，接下来就为什么它们会引发问题做一下补充说明。

如果孩子没有得到足够的无条件的爱、同情心以及友情这三重感情，他们会一直努力要求直到获得为止，他们是不会轻易放弃的。

但是，孩子们并不贪心，只要获得就不会无限度地索求。上一阶段的爱得到了满足，他们就会变得非常安心，然后期待着下一个阶段的爱。

人类如果不能依次获得本能的爱、同情心、友情这三重爱，是不会完全长大的，这一点各位妈妈们需要牢记。

孩子为了获得成长路上的这关键的三重爱，一直拼命地向父母索求。

以前的妈妈都是非常温柔的，总是把宝宝抱在怀中，体谅他们，不断地鼓励他们。所以孩子轻而易举地就获得了足量的三重爱，顺利成长为胸襟豁达的大人。在母亲温柔的怀抱中，一开始就具备了这爱的三大要素。

但是，现在的妈妈或许受到所谓教育论的影响，根本不想给予孩子这三重爱，如“娇惯让孩子养成坏习惯”“父母大包大揽的孩子会变懦弱”“严厉教出好孩子”等理论被许多母亲认可。现在的妈妈们对孩子过度保护、过度控制、过度干涉。

现在的妈妈完全忘记了教育是在“疼爱”的基础上进行的。只要能够无条件地疼爱孩子，那么这三重爱就会很自然地传递给孩子。

如果过度强调礼貌、学习成绩，对孩子严格要求，那么孩子连母子之间最重要的爱也感受不到了。这时的孩子一直希望获得爱，而妈妈却对孩子冷脸以对，喋喋不休地唠叨。

这样的情况就会导致孩子心灵处于饥饿状态，并且这种饥饿会不断地发展，甚至会有发展成为神经官能症的倾向。

如果母亲没有注意到这一点，孩子的这种倾向会进一步发展，最终发展成为自闭症、注意力不集中、情绪不稳定等心理方面的疾病。

这种渴望爱的情结，就是如此顽固地盘踞在孩子的心中。

消除孩子“爱的情结”的三句箴言

那么母亲应该如何应对呢？

答案非常简单，做一个温柔的母亲即可。其实自古以来妈妈就是温柔的象征。孩子从母亲的温柔里汲取足够的养分，才能够茁壮成长。

做一个温柔的母亲，只需把下面这三句话时刻挂在嘴边即可。

“妈妈爱你！”

“妈妈知道你很努力！”

“不管发生什么事情，妈妈都是你的坚强后盾！”

说第一句话的时候，请握着孩子的手或抱紧孩子。向孩子传递本能之爱时，如果能够亲密地抚摸孩子，会让孩子感受到更多的爱。

第二句话是向孩子传达“同情心”，需要笑容满面地认真倾听孩子说话。

最后一句话是友情的象征，是把孩子当作一个成年人看待，也当作自己的好朋友。

育儿路上的必备品就是笑容和这三句话。

妈妈心语

这篇文章说的是一个有了妹妹后，感觉妈妈的爱都被妹妹夺走了，自己备受冷落，在学校里也被同学们欺负的孩子，在妈妈让其“撒娇”后，茁壮成长的例子。

山崎老师指出：我家8岁的长子在学校里被欺负的原因是孩子的感情饥渴。一开始我不太理解老师的意思。但是，听到老师讲了没有获得足够爱的孩子容易成为弱者之后，我豁然开朗了。

我小时候从父母那里也没有得到足够的爱，一直觉得很孤单。老师说没有从父母那里获得爱的孩子，对自己是没有自信的。更让我感兴趣的是，老师说自信有两种：一种是“对于自己属性和行为的假自信”，另一种是“对于自身存在的真自信”。

孩子只有从父母那里获得支持后，才能够拥有真正的自信。真正的自信是认识到自己的失败、缺点以及不如他人的地方之后，还对真实的自己拥有的自信。

成绩好、个子高、有钱，这些都只不过是“对自己的行为和属性的假自信”，与孩子自身是没有关系的。真正的自信是在感受到别人对自己的爱后才产生的——因为爱是无条件获得的——结合自己的亲身体验，老师的话让我感慨万千。

老师说大部分受欺负的孩子都是对自己的存在没有自信的，我听后不由地点头赞同。

我家老大在学校里之所以被欺负，就是因为他对自己没有自信吧。因为对自己没有自信，受欺负时没有勇气反抗，只能逆来顺受。

老师说想要让孩子对自身的存在拥有自信，最关键的就是父母的爱。听到这一点时，我对于自己的疏忽大意悔恨万分。他一定是因为我把所有的精力都放在了刚出生的孩子身上，觉得妈妈不爱自己了。

生女儿时，老大刚好上幼儿园，我无暇顾及他，把所有的精力都放到了刚出生的女儿身上，总是对老大说“你是哥哥”“妈妈没时间管你”等，对他放任不管。现在回想，正是因为我的这些行为，让老大变成了一个唯唯诺诺、没有自信的孩子。

讲座结束后，我下定决心，以后多抱抱老大，多让老大感受到妈妈怀抱的温暖。

晚饭后，老大一个人静静地坐着看电视。把老二哄睡后，我对老大说：“和妈妈一起去泡澡好吗？”老大惊讶地看着我摇了摇头。我又一次问他后，他高高兴兴地跑到浴室去了。

泡澡时，我俩的话题就像肥皂泡一样源源不断。他把学校里发生的事、朋友的事以及自己想的事情，喋喋不休地说了出来。此时我也注意到他全身上下有很多小擦伤，这让我非常吃惊。孩子果然没有对我敞开心扉。

一起离开浴池后，孩子问我："妈妈，以后我还能和你一起洗澡吗？"

从那天以后，老大变得有活力了，回应时的声音也变得响亮了，动作也变得干脆利落了。这些变化都是因为他感受到了我对他的爱，更重要的是正如老师所说"他对自身的存在拥有了自信"。当我抱抱他或摸摸他的脑袋时，他一定会把内心的想法和盘托出，包括受欺负的事情。听了孩子的话，我才意识到老大原来是如此的孤独，我对自己的粗心大意感到羞愧。

前几天，在家长会上，老师说了一下被欺负的问题。我家老大曾经是被欺负对象，但最近已经脱离了被欺负的队伍。

老师说："最近他不畏畏缩缩的了，即使受到其他孩子欺负时也能够勇敢反抗。我们也很头疼欺负人问题，但最好的解决方法就是被欺负的孩子能够奋起反抗。"

此时我深刻地意识到，孩子之所以能够解决被欺负的难题，就是因为他感受到了妈妈对他的爱。通过与妈妈的亲密接触，他对自身的存在产生了自信。以前夺走他自信的人不是别人，就是他的妈妈——我。

因为以前我自以为是地认为我们是母子，跟本不需要向他表达爱。通过妈妈对他的拥抱，孩子重拾自信。

感谢山崎老师让我意识到表达爱是多么重要的事情。

4. 同情心和友情能够培养孩子的勇气

夸张点说，我们人类有史以来一直是在以爱为中心的混乱中以及错误思考中生存的。

为爱而战，把爱写成波澜壮阔的故事，人类很长时间都是在为爱而艰苦奋斗。世界历史上出现的宗教、战争以及文学、艺术等，可以说无一例外都是以拥有着非凡能量的爱为轴心进行的。

爱是如此的重要，但是没有人知道爱到底是什么，爱的真正面目是什么。也就是说，人类长时间地为这个不知道真正面目的爱忙得团团转。

平时，我们经常把爱挂在嘴边。因爱引发了很多的矛盾、混乱。卷入爱的纠纷后我们进退两难，仰天长叹。时至今日，人类还不知道爱究竟是何物。

爱为什么成了麻烦制造机？

当然我并不是否定爱带来的愉悦，这一点将在后面详细叙述。只是，我们可以这样说，比起享受爱带来的喜悦，我们得到的更多是爱所带来的痛苦和麻烦。

爱或许是不存在的

刚才已经给了大家一些提示，爱究竟是什么呢？

爱不是个名词，而是个动词。

当然，我既不是哲学家，也不是圣人。因此，我并没有打算给爱下一个“高大上”的定义。

但是，对于爱，我可以给大家提供一种新的思考方式。那就是“爱或许是不存在的”。

听到我的这一观点，宗教家、教育者们或许会非常生气吧。

少安毋躁，听我慢慢讲来。

曾经有这样一个案例。某高中的门卫关学校大门时，把一位因迟到而急匆匆飞奔进学校的孩子夹死了。令人吃惊的是，学校对此事并没有反思之意，甚至学校的校长还进行了如下训示：“早 5 分钟出门，就可以避免此次的事故。同学们，把这次事件作为一次教训，今后要更加严格地遵守校规。”

校长的这番言论，潜台词就是出现夹死学生的事件，错在迟到者。这种毫无责任感的发言，就是爱的陷阱。

这个校长就是“爱的鞭笞”教育观的忠实拥护者，在他的眼中看不到学生生命的宝贵。

教育就是爱。爱是一种绝对的存在。因此，在教育的名义下，任何事情都可以被原谅。这就是大肆鼓吹“爱在心中”的教育者们落入的陷阱。

如果他们的头脑里有“心中的爱是不存在的”意识的话，事情会怎样呢?

如果这样，那么老师和学生之间就是单纯的教育者和被教育者的关系，是一种对等的人格关系。这样的话，就不会出现因为学生迟到，不听学生的任何辩解就罚学生在操场跑步的做法。

他们之所以能够在教育的名义下，若无其事地做出一些残酷的事情，就是因为他们认为教育是一种爱的行为。就这样，爱成了傲慢的代名词。

教育是一种爱的行为。这种傲慢的思想让老师成为学生眼中的“恶魔”，而不是“值得尊敬的人”。

不仅是亲子之间，甚至夫妻、恋人以及朋友之间，我们都坚信是天然就存在着爱的。但是一旦确信了这种爱的存在，他们就变成了为所欲为的施虐者，完全忘记了爱应该是给予对方温暖的感情。这就是爱能给人们带来幸福，也能带来不幸的理由。

母亲的爱，就在“教养”的名义下，以各种残酷的形式，引发了各种恶果。

当人们认为他们之间不是天生就存在爱时，就会对他人非常温柔。因为不相信世上存在着绝对的爱，才会对他人谦逊有礼、体谅他人、重视人与人之间最基本的交往规则。

“爱不是名词，是动词。”因此即使心中没有爱，也可以采取有爱的行动。另外，仅停留在心中的爱，是绝对不能称之为爱的。

那么，我们所说的“表达出来的爱”到底是什么呢？

爱是同情心和友情。如果爱不以某种形式表达出来，那只不过是专横、过度控制、过度保护和过度干涉。重要的不是藏在心中的爱，而是表达出来的同情心和友情。

千百年来，人们一直坚信“爱是应该藏在心中的”。人都是孤零零地来到这个世上的，藏在心中不表达出来的爱能够治愈人与生俱来的孤独感，这种想法是迷信，更是一厢情愿。

爱是同情心和友情。心中的爱，必须是互相同情的体谅之情和互相分享的喜悦之情。除此之外，爱根本就是不存在的。

那么母亲们一直以来当作是爱的“母子之间的羁绊”到底是什么呢？

它就是我们在前面已经详细说明的本能的母爱。藏在心中的爱，就是很容易混淆成爱的本能的母爱。正因为如此，母亲面对自己孩子时才会如此的强势、粗暴甚至残酷，缺少豁达。

如果孩子从母亲那里只获得了本能的母爱，那么孩子可能会激烈地反抗母亲，也可能会完全顺从母亲没有自己的主见。

前者就会引发违法行为或家庭暴力等，后者就会成为拒绝上学或自闭症等精神问题的导火索。

同情心和友情能够培养孩子的勇气

当妈妈们知道藏在心中的爱并不是真正的爱，只不过是母爱本能时，就开始意识到面对孩子时同情心和友情的重要性。

妈妈给孩子投之以桃，孩子就会报之以李。妈妈给予孩子同情心和友情；孩子面对妈妈时，也会同样地表现出同情心和友情。

妈妈的唠叨只会让孩子感到压抑，原因就在于孩子丝毫感受不到同情心和友情。

妈妈给予孩子同情心和友情，孩子立刻就会勇气大增。他们就会用这种勇气，去向他人传递同情心和友情。同情和友情可以说是勇气之母。

曾经有一个妈妈带着孩子前来咨询，说他家孩子缺少霸气，学习成绩也是一塌糊涂。

到了我的办公室后，妈妈用一种命令的口气对孩子说：“坐在那边！”脸上一副冷漠的表情。孩子静静地坐到了沙发上，战战兢兢地低头看着地板。

孩子的父亲是某大公司的领导，妈妈毕业于某著名女子大学。也就是说，孩子所处的家庭条件是非常优越的。

但是，孩子却一点自信都没有，有的只是恐惧和不安。看到孩子在他妈妈面前拘谨的样子，我感觉孩子非常可怜。

这个孩子为什么没有自信和勇气呢？想必各位读者已经知道答案了吧。

这个孩子不但没有从父母那里得到客观的评价，而且没有获得过同情心和友情。

同情和友情到底有多重要呢，接下来将详细进行叙述。

5. 孩子期盼获得父母肯定的评价

人只有获得同情心和友情后，才会拥有勇气。为了让大家更容易理解这种心理构造，我再讲述一个故事。

故事的主人公是一个谁见了都会喜欢的非常有活力的孩子。他不仅性格非常爽快，也非常懂事，并且学习成绩也非常好。这个孩子注意力非常集中，因为他不受杂事的干扰。

他的父亲是一个非常普通的公司员工，并没有什么特别的地位和名誉，但是这个孩子却以他的爸爸为荣。他总是挺着胸脯充满自信地说：“我最尊敬的人是我的爸爸。”

为什么这个孩子以他的爸爸为荣呢？原因就在于他的父亲以自己的孩子为荣。

不管是同情心、友情，还是自豪感，孩子都是从父母那里学到的。他的父亲不仅给予了他足够的同情心和友情，还给了孩子很高的评价，这些做法都对孩子产生了积极的影响。

孩子尊敬的就是这样的父亲。同时因为自己尊敬的父亲给予了自己很高的评价，孩子有了坚如磐石的自信。

让孩子引以为豪的父母，是认可孩子的父母

对于不认可自己的父母，孩子也绝对不会以其为荣的。因为如果这样的话，就是对自己的一种否定。

人只有通过与他人的关系才能认识到自身的价值。因此，为了获得自信，就需要来自他人的善意的评价。如果从他人那里获得的只是不好的评价，那么人就会陷入一种自我迷失的不安中。

在此我必须要强调一下，在他人的高度认可里面，是包含着很多的善意和爱意的。

面对一张 70 分的卷子表扬道“做得不错”，这就是一种善意的表达；相反，如果批评道“怎么考了这么点分数”，那就成为一种恶意的评价。

对于前一种评价，孩子会敏感地捕捉到这种善意。孩子的内心一定会涌起一些波澜，他们会把这种善意看作是对自身存在、考试成绩以及与父母温情交

流的肯定。

自信就是通过与他人的关系建立起来的，也可以说自信就是通过他人的善意而建立起来的。

孩子以认可自己的父母为荣——这是因为亲子之间进行了温暖的情感交流。

人与人之间最无坚不摧的关系就是通过“爱”结成的关系。与此相比，其他关系都像蜘蛛网一样吹弹即破。

“以父母为荣”的心理也与这种情感好恶有着密切的关系。因为在“感到自豪”之前，先是“喜欢”的情感在发挥作用。对于孩子来说，“被爱”理所当然就是一件值得自豪的事情。他们对于那些对自己充满善意并引以为荣的人，会无条件地打开心扉。

妈妈心语

不断对孩子说“妈妈喜欢你”“你是个好孩子，妈妈非常高兴”等表扬的话语，原本没有自信、畏缩不前的孩子会变得自信满满。

我家女儿上小学四年级了，非常胆小怕事，没有自信，对于新事物没有积极挑战的精神。不管什么事情都是吩咐了才会去做，从来不会主动去做。

看到女儿这个样子，我也变得非常焦虑，经常会忍不住大声训斥她。她没有任何自信，经常坐立不安，惊慌失措，在学校里其他孩子还给她起了一个“胆小鬼”的外号。

我训斥她之后，总是对她说“想说什么就大胆地说出来”，并引导她说一些积极的话语，但是她总是沉默不语。

看到女儿“烂泥扶不上墙”的样子，我气不打一处来，终于对她放任不管了。

前几天开家长会，老师说我家女儿过度消极的态度和畏畏缩缩的样子需要注意，我意识到必须下大力气改造她的性格了。

但是结果是残酷的。被老公提醒后我才注意到，孩子得了严重的心因性耳聋。看了耳鼻喉科医生推荐的神经科医生后，我得知女儿还患有轻度的自闭症。这时我感到天旋地转，眼前一片漆黑。

丈夫反对进行药物治疗，我不知该怎么办好，每天特别苦闷。女儿自从闭门不出后，动作变得更加迟钝，看到她这个样子，我非常生气。

通过朋友介绍我认识了山崎老师，对他说明女儿情况后，老师给了我一些指导。

老师提到了一个词语——“过度注意”，意思是说那些很有能力的女强人们，如果不外出工作仅在家里做家务、照顾孩子，她们发挥不出来的过剩能量就会全部倾注到孩子的教育上去。于是，就很容易导致对孩子的过度保护、过度控制等“过度注意”现象，她们就会失去母亲应有的温柔体贴。

我就完全属于这种情况，将过剩的能量全部压在了女儿身上，没有给女儿丝毫的温柔，让女儿非常孤立无援。这就是老师给我的结论。

这时我才意识到自己从来没有想过要对女儿温柔一点。醒悟之后，我感觉附在自己身上的邪恶灵魂好像离开了。

我以前总是纠结于“为什么孩子总是达不到我的要求呢”，于是对这个不争气的女儿越来越厌恶。听了老师的话后，我陷入了沉思：“我为什么不对女儿温柔一点呢？”

第二天，我打算对女儿说出山崎老师教给我的三个魔法句子，但是面对孩子时，却说不出口。令我羞愧的是，真正胆小的不是女儿，是我这个妈妈，和老师约定好的“向女儿道歉”的行为也一直没有实施。

但是，这一周我尽可能地控制了自己的唠叨，也尽可能地对女儿温柔些。一周后，我终于下定决心，向女儿道歉，寻求女儿的原谅。

“妈妈一直以来对你那么严厉，妈妈向你道歉。今后妈妈一定做一个温柔的妈妈。”

女儿轻轻地点了点头，于是我又说了一遍“对不起”。这时，女儿又点了点头，眼中噙满了泪水。看到女儿这个样子，我突然觉得她非常可爱，不由地一把抱住了她，不断地向她道歉。的确，孩子一直以来感受到的都是我对她的冷酷。

第二天，我就能够很自然地对孩子说：“你是个好孩子，妈妈非常高兴。”

现在我每周有三天的时间在附近的西服店做兼职。我做兼职的时候，女儿一定会先绕到店里，把试卷和做完的练习册交给我后再回家。

前天我们在店里一起制作了价格卡，作为奖励，回家的路上我给女儿买了一个猫咪布偶。

女儿耳聋的症状虽然没有一下子好转，但是也渐渐地减轻了。孩子的笑容和话语都渐渐多起来，一切都一点点地朝着好的方向发展。托山崎老师的福，我没有变成一个愚蠢的妈妈，在此再一次向山崎老师表达深深的谢意。

“孩子以认可自己的父母为荣。这种自豪感，给予孩子自信和勇气。”请各位父母都记住这句话。

自信是在“喜欢”这种情感交流的基础上形成的，很多人都没有意识到这一点。因为他们没有注意到父母对孩子表现出了善意，孩子就会对父母抱有好感，这样一种完美的情感交流才会成为孩子自信的基础。

没有自信的孩子讨厌自己

被父母爱的孩子，才会懂得爱自己。

实际上，爱自己的孩子不管干什么事都能沉着冷静、富有干劲儿，也能听从父母的建议，自己的判断力和行动力都非常强。

那些问题儿童无一例外都是讨厌自己的。因为他们没有得到过父母善意的评价，因此他们的内心会变得讨厌自己、讨厌父母。

稍微夸张点说，所有的问题儿童都是没有自信的，都是讨厌自己的。他们对自己不认可，不可能给自己贴一个优秀的标签。前面我们已经提到过，优秀的标签是父母向孩子表达的善意。

大家不要忘记，人是需要自我认可的动物。也就是说，孩子一直在焦急地期盼父母向他们表达善意。孩子一直通过“喜欢”这种情感来乞求父母对于自己肯定的评价。

肯定的评价是“喜欢”这种情感的外在表现形式。“喜欢”就等于自我认可。孩子通过父母的善意表达，获得了勇敢面对生活的自信。

对大人来说，自信是可以通过其他方式获得的。社会性的成功、财富以及自己的事业，都会成为自信源。

孩子们的自信源却很单一。因为对于孩子们来说，他们对自己最基本的存在还是抱有不安的。消除孩子的这种不安，让他们建立自信，这是作为父母最重要的任务。

如果孩子寻求被爱的期待落空，他们就会转为反击。被父母爱，就是对自己存在的认可，就会给予自己生存的热情。因此，如果没有获得爱，他们就会感到深深的伤害。

但是，更多的母亲不是努力地去爱孩子，而是拼命地去批评、责备、暴露孩子的缺点。这样的行为不是教育孩子，而是像驯兽师一样在“驯服”孩子。

6. 家庭教育是“育儿”路上不可或缺的动力源泉

教育的重点是遵循生命发展的基本规律，充分挖掘孩子自身的潜质；而驯导则是利用条件反射进行的强制性要求，类似于以杀敌为目的的斯巴达式教育。

人的成长需要遵循自然法则。一个遗传因子中包含的信息相当于几百本百科全书。教育的作用原本就是为了充分挖掘遗传因子中的成长能量。通过温柔的支持，防止这种能量的逆流、防止它们无方向性的乱窜。

顽强生存的生命和支撑生命的遗传基因，都是在自我认可的基础上发挥作用的。

父母很容易低估孩子

然而，很多母亲完全无视这个重要的自我认可法则，她们经常挂在嘴边的是“不准这样”“听妈妈的话”，她们的这些做法都是一开始就否定孩子。她们秉承的是“学习成绩下降的话就减少你的压岁钱”“听妈妈的话，就给你买个吉他”这样的胡萝卜加大棒的驯服思想。

教育是在自我认可的基础上进行的，而驯服只能建立在自我否定的基础上。

如果说自我认可有几百本百科全书般的价值，那么自我否定连一张纸的价值都没有。人归根结底是不能逆着自我认可的成长法则生存下去的。

前面提到的男孩子，他因为没有从父母那里获得自信，所以他不尊重自己的父母。即使父母社会地位再高、再有钱，孩子也不会为不认可自己的父母感到自豪的。

如果父母不认可孩子几百本百科全书般巨大的个人价值，那么他们取得的社会性的成功，在孩子眼中就如同一张废纸一样毫无意义。

孩子只有从父母那里获得了对自身价值的认可，才会尊敬父母。孩子的自信、自尊、自爱也是在这个过程中建立起来的。

站在我面前的这个孩子，他希望获得父母的尊重，但是他的父母完全低估了他的价值。他们传达给孩子的只有一句冷冰冰的话，那就是“想获得我们的认可，那就考个好成绩”。

这样父母与孩子永远无法达成共识。因为对于孩子来说，他的价值不是考试成绩，而是自身的存在感。如果只用考试成绩来评价的话，那么自身的存在感会变得更加脆弱。他所期盼的不是“自己考了一百分这个事”，而是“有能力考一百分的自己”。也就是说，孩子最期盼的是父母在意他、认可他，以及疼爱她。

孩子期盼从父母那里无条件地获得对自己无限潜能的评价，即使自己考试成绩不理想，甚至分数下降了，或自己有些迟钝，对于自己拼命挖掘潜能的做法，他仍希望父母能够给予足够的体谅和支持。

这样的话，孩子就能够充分调动出生命潜在的能量，茁壮地成长。父母不要只关注眼前的考试成绩和孩子的态度，而要全面肯定孩子的存在。这样的话，孩子就能够精力充沛地勇往直前。

但是那个孩子对他的父母连一丝的自豪感都没有。这样直接贬低孩子、认为孩子不行的父母，怎么可能获得孩子的尊敬呢？孩子从父母那里不但没有得到最基本的体谅和支持，就连“对自身存在的认可”都没有获得。

如何增加孩子的自信

我前面已经提到，“孩子以认可自己的父母为荣，这种自豪感能够建立孩子的自信”，这就是存在于亲子之间的心理结构。

如果意识不到这一点，不仅会威胁到亲子关系，还有可能让孩子由对父母的失望而丧失自信，导致离家出走。

作为父母一定不要无视孩子渴望获得无条件支持和肯定的事实。

如果你希望孩子有毅力、有干劲、有主见，那么就不要冷眼旁观，而要积极地支持他、鼓励他。孩子得不到善意的评价和全面支持的话，是不可能拥有战胜困难的勇气的。

对于一直抱怨孩子没有上进心的妈妈，我毫不客气地对她说：“因为孩子对你一点敬意都没有，所以

给孩子善意的评价和全面的支持，与孩子同舟共济。

孩子一点干劲也没有”。

听了我的话后，那位母亲非常吃惊，并辩驳道：“不是我说大话，孩子对我们是非常尊敬的。”

我看着低头不语的孩子，说道：“孩子好像不这样想。”

那位母亲继续辩解道：“那是因为孩子没有意识到而已。”我转身看着孩子，问道：“孩子，你以你的父母为荣吗？”

他轻轻地摇了摇头，同时咬住了嘴唇。

于是我对那位目瞪口呆的母亲说：“如果您不对孩子进行善意的评价，不给孩子足够的同情和支持，孩子是不会以你为荣的，孩子也不可能有自信和干劲。”

所谓勇气就是做自己主人的气魄。“这样做很好”等善意的“评价”，在他痛苦时对他的鼓励，在他遇到困难时给予他的支持，这些是孩子获得勇气和力量的基石。拥有这些，孩子才会神采奕奕、自信满满地成为自己的船长，扬帆远航。

第二章

妈妈要给真实的自己满分

放手让孩子自己做主，孩子才能自信满满！

1. 不能做自己主人的孩子

在我的补习班里，有两个对比鲜明的孩子，分别是成绩优秀、父母也热心教育的 A 君和淘气包 B 君。两个孩子因为是邻居，关系非常好，总是结伴而来，不约而同并排坐在座位上。

怎么看他俩都是一对独特的搭档，他们还有一个共同点，都非常有自信。A 君自信的源泉是其优异的成绩。他总是一副信心满满的样子，上课的时候也非常沉着冷静。B 君也是自信满满的样子，整天无忧无虑，在教室里非常受欢迎。

B 君受欢迎的秘密

B 君为什么对自己这么有自信呢？他自信的源泉是什么呢？虽然他的成绩只不过中等水平，但是在班级里不管是学习成绩优异的，还是家庭条件优越的孩子，都唯他马首是瞻。

我观察 B 君时发现了一个有趣的现象。他喜欢给自己打 100 分，所以即使被同学指出作业里错误连篇，他也满不在乎；即使被朋友嘲笑说“你连这么简单的问题都不会啊”，他只会毫不在乎地点点头；即使考试得 50 分，忘带东西，或者卷入麻烦，他还是毫不在乎。

他有接受现实的勇气和沉着冷静的头脑。遇到问题他会首先接受现实，然后磨练自己解决问题的能力。但是其他的孩子好像做不到这一点，因为他们没有接受现实的勇气。他们总是会被不安、恐惧、焦躁所笼罩，内心产生动摇，然后就慌了手脚。

如果考试只得了 50 分，他们眼前会立刻浮现出妈妈严肃的表情；忘带东西后，他们就会担心被老师骂；遇到突发情况后，他们不知道如何处理，只会感叹自己的不幸。

所以，他们总是不够沉着冷静，即使想集中精力做一件事情，也会马上被其他事情干扰，容易分心。

他们害怕看不见的东西，恐惧听不见的声音，担忧触不到的幻觉。

B 君只相信能看到的、听到的、用手触摸到的东西，因此他能够坦然接受现实。50 分的试卷，不能代表什么；忘带东西如实告知老师即可；遇到突发情况，冷静思考，寻找最佳解决方案即可。

孩子内心的不安是母亲引起的

为什么很多孩子不能坦然地接受现实？为什么接受现实让他们内心如此的不安？原因就在于带他们的妈妈不能坦然接受现实。

看到孩子考了 50 分的试卷，她们会立刻变脸，严厉地责备孩子："一直让你好好学习，就是不听！"孩子如果忘带东西，她们就会训斥道："你就不能长点心吗？总是让我说你，真是的！"如果孩子不小心惹了一些麻烦，妈妈的声音会立刻调高八度"你到底怎么回事？怎么这么不注意！"

对孩子来说，比起眼前的挫折，妈妈的愤怒和责备是更大的问题。

他们在意的不是眼前的现实问题，关注的不是充满梦想和憧憬的希望，而是藏在现实后面的他人评价或妈妈的脸色。

"会不会被责备？""真不想看到那张生气的脸！"

“事态好像挺糟糕呀!”这些幻想都是一些悲观的预测，就如同走夜路的胆小鬼害怕幽灵的影子一样。所以他们总是惴惴不安，如同惊弓之鸟，甚至惊恐到看见枯草都会被吓晕过去。

在这样一种心理状态下，他们是不可能好好学习、认真整理房间、安静读书的。他们内心波涛汹涌，不能静心干任何事情，就如同动物园中困在笼子里的狗熊似的，转来转去。

他们不会用自己的脑袋思考问题，只是在意“别人怎么想”，从不考虑“自己怎么想”。

专心应对眼前现实的孩子，他们只关注现实情况和自己，他们会用自己的头脑进行思考，听从自己的心声做出判断，专心致志，心无旁骛。所以他们能够持续几个小时全神贯注地学习和读书。

他们会把精力集中在自己的无限潜能上，面向自己前进的方向扬帆起航，奋勇向前，全神贯注于眼前的现实，所以他们不会感到不安、胆怯和孤独。

做自己的主人就是指这样一种状态，这样就会产生自信。

不能自己主人的孩子，从一开始就抛弃了“现实”和“用自己的头脑思考”这两点。他们关注的是眼睛看不见的、耳朵听不到的、手触摸不到的幻想；他们在意的不是自己的想法，而是“妈妈怎么想”“其他人怎么看”，也就是说他们借助于别人的头脑来思考问题，他们处于一种丧失自我的心理状态。

不用自己的脑袋思考问题的孩子，就不能充分发挥自己的能力。不管是学习、运动，还是与朋友交往，干什么事情都会半途而废，就如同一艘没有船长的船，最终的命运是遇难。学习、运动以及与朋友的关系都是不可避免的现实情况，认不清这些现实的话，只有对现实举手投降。

很多妈妈感叹说：“上初中之前还是一个好孩子。”实际上发出这样感慨的妈妈们几乎都在为孩子变成问题儿童、孩子实施家庭暴力，以及孩子拒绝去学校而苦恼。

我问她们：“上初中之前他们是什么样的好孩子?”

她们几乎异口同声地回答：“非常听父母的话，从来没有顶撞过父母。”

果然如此。她们口中的好孩子就是完全听从父母的命令、要求、从来不顶撞父母、非常好管理的孩子。

完全听从父母命令、要求、强制的孩子，绝不可能是自己的主人。对于眼前的问题，他们不会用自己的脑子思考解决对策，而是渐渐地屈服于妈妈的操控。

他们在意的不是眼前的事实，而是妈妈的话和妈妈的态度。他们不是用自己的脑子思考问题，而是借助于妈妈的脑子思考问题。

因此，当他们进入初中，需要用自己的眼睛观察世界，需要用自己的脑子思考问题的时候，就会四处碰壁，最终有可能引发精神障碍。

他们一点都不相信自己的眼睛和脑袋，因为他们一直没有接受过这方面的训练。所以他们对自己的定位很不清晰，没有自信，对他人的话和想法非常敏感。

被假冒的亲情束缚的孩子们

他们完全感受不到父母对他们的爱。父母或许会备感委屈，说“世上哪有不爱自己孩子的父母”。但是，孩子们根本就不想听这些冠冕堂皇的话。事实证明，问题儿童和他们的父母之间根本就不存在爱。

爱是无条件接受对方存在后采取的行动，也就是说，是一种无条件的行为。但是那些父母给予孩子的却是有条件的“爱”。孩子们一直被一种附带条件的假冒的爱牢牢捆绑住，只好无奈地丢弃作为一个人最重要的“用自己的双眼看现实”和“用自己的头脑思考问题”的能力。

我把这种情况称作“劫机症候群”，亲子之间是控制与被控制的关系。

缺乏爱的孩子是会被孤立的，他们对自我存在有很大的疑惑，经常被不安、寂寞和孤独折磨。

爱是一个双方互动的过程，单方面是不成立的。收到讨厌的人写来的情书反而会感到恶心，单相思是不可能传达给对方的。

要想感受到对方的爱，首先要爱对方。如果感到对方不爱自己，那说明自己对对方的爱也是不充足的。也就是说，感受不到父母的爱的孩子，无一例外都是不爱自己父母的。这是爱的永恒法则。在附带条件的爱以及控制、命令的关系中，是不可能有真正的心灵沟通的。

2. 折磨孩子的“劫机症候群”

唠叨教育的现世报

我们的话题好像已经偏离了轨道，那就顺便再多聊一会儿。

我在某地做完演讲后，和主办方的夫人们一起喝茶聊天，这些夫人都是奶奶辈的长者。

她们在谈话中经常提到一个话题，那就是抱怨自己早已长大成人的儿子、女儿。不管是不是和孩子住在一起，她们对自己的儿子、女儿都有不满。

这些不满主要表现在以下几个方面：“对自己说话不温柔”“金钱上让自己不舒服”“对自己总是没有好脸”。

这时我仔细地询问她们以前对孩子都是什么样的态度，询问的过程中我的脑子里突然闪出一个念头，于是我完全猜中了最后一个发言者的说话内容。

“你以前怎么对待孩子，不用问我也知道。虽然你给孩子提供了丰厚的物质条件，但是你一定是爱唠叨的妈妈，并且在孩子面前总是摆出一副臭脸。因此，孩子在你的面前唯唯诺诺……是不是？我说的没错吧。”

这些夫人都睁大了双眼惊奇地看着我。

“我家闺女非常孝顺，我想要什么立刻就给我买。但是她非常爱唠叨，真让人受不了。而且，她在我面前总是皱着眉，一副不高兴的样子。虽然我知道她不是针对我，但是实在不想看她的臭脸，真想看到她的笑脸啊。看不到她的笑容，感觉好孤单。”

其实这位老夫人的女儿只不过是重现了当年妈妈对自己的态度而已。

另一位老夫人叹息道：“我儿子只是嘴甜，但从不轻易给我零花钱，得要好几次才给。朋友家的儿子，只要朋友和他提起旅行计划，他就会给朋友几万日元的零花钱，真是让人羡慕。”

其实这位老夫人刚才自己也说过：“当年孩子想要一些新奇的玩具时，我从来不会立刻满足他，总是会不厌其烦地告诉他爱护东西的重要性，直到现在孩子还经常说我‘小气’。”

其实孩子长大后对待父母的态度，都是小时候父母对待自己态度的无意识重现。这就是支持“爱是一种学习行为”的最有利的证明。

这时我突然意识到一件事，让我不寒而栗。孩子长大后回报父母的爱与当年父母给予自己的爱是同质的。那些小时候没有从父母那里感受到爱的孩子，长大后会回报父母什么样的爱呢?

如果说父母是孩子的模仿对象的话，那么以前没有好好爱孩子的父母们、一直用母爱本能控制孩子的父母们，得到的回报势必是非常残酷的。

用友情缔结的亲子关系

接下来让我们言归正传。

B君感受到了父母对他充足的爱，父母充分地认可他：“你只要做你自己就好。”所以，他非常爱自己的父母。当老师向他妈妈说需注意孩子的朋友关系时，他妈妈会像勇敢的武士似的，立刻反驳说：“没问题的，我家孩子不会那样的。”

孩子意识到自己从父母那里能够获得全面的支持

时，也会有无限勇气面对一切。

父母首先要放手让孩子去做，不管结果如何，都不要责备孩子。如果失败了就同情他、体谅他；如果成功了，就为他鼓掌欢呼。因此，B君非常喜欢自己的父母。

虽然B君爱父母，但是并不依赖父母。也就是说，他们之间存在的是一对一的友情关系，所以B君不依赖自己的父母，而是堂堂正正地做自己的主人。

他很听父母的话，但是从来不认为这是父母对他的控制，而认为这是亲子之间友情的体现。

一定有很多母亲抱怨“我家的孩子一点也不听话”，原因就在于，他们的亲子之间没有友情，只是单纯的控制与被控制的关系。

孩子也是有自尊的，是不可能一直甘心屈服于他人的控制的。特别是处于这种自我意识萌发期的10岁到15岁的孩子，对他们来说，忍耐这种屈辱是非常痛苦的。所以他们才会极度反感妈妈的唠叨，嫌妈妈“烦人”。

一个人听从他人的指示是需要前提条件的，那就是对方对自己的肯定。就如同人们只有给汽车油箱加满油，保养好发动机，才能够参加严酷的汽车比赛一样。

如果父母一方面经常训斥、否定孩子，另一方面又控制他们，那就如同在抽光汽油，也不保养发动机的情况下，让汽车在沙漠上奔驰。这种行为不仅是欠考虑的，更是非常危险的，是一种“野蛮行为”。

孩子努力想得到的就是父母给予的充满暖意的友情。

为什么A君的成绩会下滑

B君的成绩一直在稳步上升，而他的好朋友A君成绩却一直原地踏步。细细观察的话，会发现A君对学习感到非常痛苦。或许是心理作用，我感觉他的双眸也没有以前明亮了，开始充满抑郁。

最后A君终于被B君赶上，并渐渐超越了。

A君的母亲过来咨询我，她认为孩子成绩下降非常不可思议。

A君在家的学习时间比以前多了，但是成绩却没有相应地提高——这一点让他妈妈非常费解。他母亲过来咨询的主要目的就是看看是不是孩子的学习方法出现了问题。

其实我对A君成绩下降的原因也是一头雾水，同时我对他最近为什么没精神也是毫无头绪。正当我百思不得其解时，他妈妈的一句话引起了我的注意。

“我对孩子说：‘学习是快乐的事情，这些说法都是骗人的。要想考入一流的大学，必须要品尝下到十八层地狱般的痛苦。’孩子想事情总是过于天真。”

听了这番话后，我不由地仰天长叹，捶胸顿足。因为我帮助孩子提高学习能力的诀窍就是，让孩子相信我能够缓解他们学习的痛苦。这也是我传递给孩子的信念。

3. 剥夺孩子的自由算是教育吗

我经常对来事务所咨询的妈妈们说："不要过度强调教育、教养的重要性。"

听了我的话后，她们都会用非常疑惑的眼神看着我，说："我们都是听说老师您有非常好的教育理念，才特地过来请教的。"

这时我会非常严肃地告诉她们："最崇高、最伟大、最优秀的教育理论就是妈妈的温柔。"

对于花草来说，最重要的是阳光、水和肥料。如果把含苞欲放的花朵放到背阴处，天天被寒冷的北风吹，并且不给它浇水的话，花草是一定会死掉的。遗憾的是，这么浅显的道理很多母亲并不明白。

泯灭孩子无限潜能的妈妈

"真的只对孩子温柔就行了吗？"

眼前这位非常沮丧的妈妈反复地问我。这位母亲来咨询我一定是想从我的口中听到一些让人震惊、闻所未闻的新鲜教育理论，听到一些能够让她立刻顿悟的高大上理论。所以当听到我说“温柔是最重要的教育理论”时，她对这过于平凡的回答非常不满意。

除此之外，我还强调说教育、教养等他们并不需要学习。听了我这些言论后，她对我充满了怀疑。

很多妈妈一说到孩子的教育，就会要么立刻奔向正确的教育方向，要么驶向错误的教育轨道。她们完全把教育和教养的含义领会错了，所以我才会告诉她们“不要再强调教养和教育了”。

如果方向错了，还不如停在原地。如果做一件事情只能带来负面影响，那么还不如不做的好。

A 君的妈妈一门心思想提高孩子的成绩，最终毁了 A 君最宝贵的潜能。如果他妈妈能够认可他，对他说“你做得很好”“你是个聪明的孩子”“妈妈非常欣慰”，那么 A 君现在或许已经在全国学习能力大赛中获得了优异的成绩。但遗憾的是，A 君妈妈的做法完全相反。

以前 A 君对自己是非常满意的。他用自己的双手能够实现自己的目标，也能够感受到大家的热烈回应。所以他可以心无旁骛地扑在学习上。

但是他的妈妈一上来就完全否定了他，说他的做法是行不通的。这样一来，A君的内心就陷入混乱状态。当妈妈对他说了一些令人毛骨悚然的“下十八层地狱般的痛苦”之类的话后，A君完全不知所措了。

人们常说的“教育的诀窍”之类的东西，只不过是一些附属物而已。很多妈妈却把这些附属物视若珍宝，舍本逐末地把它排在了最重要的“温柔教育”之前，完全忽视了亲子之间原本最重要的东西。

不管我如何苦口婆心地告诉她们“只要母亲的温柔就足够了”，她们总是不能理解。所以很多母亲高举教育和教养的大旗，拼命地逼迫自己的孩子。

每当看到这种情况，我就忍不住想大声疾呼：“不要再拘泥于这些无关紧要的东西了，如果忘掉了对孩子应有的温柔，必将一事无成的。”

“自我肯定”让孩子自信地走进学校

下面的例子在现实生活中有很多。

某位拒绝上学的少年被送入了精神病院，进行了药物治疗，最后变得像废人一样。这种做法就如同把缺少氧气的金鱼放入浑浊的泥水中。

其实这个孩子最期盼的就是父母的拥抱，期盼父母用温暖的话语和温柔的态度来治愈他内心的伤痕。但是他却受到了完全相反的对待方式。进入精神病院，接受化学性疗法，这些给他带来的伤害真是罄竹难书。

被心病折磨的孩子基本都被“自我否定”这个妖怪所纠缠。拒绝上学、家庭暴力、违法行为以及自闭症，这些症状都是因为他们认为真实的自己是“恶”的存在，最终形成的一种悲剧性的自残行为。现实生活中曾经出现过用刀子猛扎自己的少年，也曾出现过以滚落楼梯自残且不断离家出走的少女。

他们期盼的就是自我肯定，强烈的自我肯定。希望这种自我肯定能把以前一直折磨自己的“自我否定”这个妖怪的祸根连根拔起。

那个拒绝上学的孩子回家后，对家里人实施了暴力。他对无情地撕开他心灵伤口并撒上盐的父母，进行了报复。

事情发展到这个地步真是无可救药了。在他的内心里没有一丝的温情，有的只是大量的仇恨。

忘记了“温柔”是最好的教育，只是忘记了这一点，她的家就变成了“地狱”。

后来这个少年独自一人来到了我的事务所。与其说他答应了母亲的请求，不如说他自己也十分期盼寻找到自我救赎之路。他听从了我让他来一次的建议。

面对语无伦次的他，我耐心进行引导，认真地听他说的每一句话，并不时地点头回应他。

他憎恨身边所有的人，其实他对周围的人除了憎恨之外，找不到其他的方式来表达自己。

面对这样一个孩子，如果我只是一味说教的话，那么我顶多算是一位普通的教育者。但是我能够看到这个孩子内心期盼的东西，所以我这样附和他：“你说的很对，错的是那位老师，太没道理了！”“其实你是不幸的受害者，太令人气愤了！”“如果你有善解人意的父母的话，就不会落到这般田地了！”“必须接受药物治疗的不是你，应该是你的父母和你的老师！”

我继续说道：“你的妈妈就是披着人皮的恶鬼，下次再来我的事务所的话，一定不让她进屋。”

最后我故意说：“如果我是你的话，我也一定会和你做同样的事情，遭遇同样的不幸。”

此时我发现那个少年的表情有了微妙的变化。他时而低下头，时而望向窗外，时而瞪大眼睛看着我的脸。

几周之后，我接到了他妈妈打来的电话。他不仅完全停止了家庭暴力，还能够和家人坐在一起吃饭了。

虽然饭桌上他一直沉默不语，但是对他说“这是你喜欢吃的菜”时，他会轻轻地点点头。听完这位母亲的话，我提出如下建议：“找个机会，握着他的手对他道歉。”不要说一些谁对谁错或者今后我们好好相处的废话，只是握着他的手对他说“原谅妈妈”，这一句就足够了。

又过了一个月，他妈妈兴冲冲地打电话轻声告诉我：“孩子说他要去上夜校。我听到后高兴地一下子扑到孩子身边，边哭边对孩子说‘原谅妈妈，原谅妈妈……’，重复了十多遍……孩子的泪珠也簌簌地滚落下来。”

我听见电话那边的这位母亲声音又哽咽了。

“自我发现”的学习方式是快乐的源泉

接下来回到A君的话题。

A君说，妈妈的一席话完全分散了他对学习的专注力。以前他的学习完全听从自己的想法，也就是说，在自己的画布上，A君自由地挥毫泼墨，并且这种做法让他一直非常自信。他对自己完成的一幅幅“画”，也都非常满意，他并不在乎画风。从大人的角度看，或许非常幼稚、非常粗糙，但是他自己十分满足。他的大脑就如同不断注入燃油的发动机，一直高速运转。所以，他能够注意到很多以前注意不到的事情，“天空飘着这样形状的云朵的话，风景看起来会更有生机吧”，“浓淡再分明一点，会更有远近感吧”等。

不管是画画还是学习，没有这样一种心境，才能是无法完全发挥出来的，只有满足感能使人心无旁骛、专注集中。

学习必须不断有新的发现。新发现越多，越有助于理解，对学习的内容越有兴趣，对知识的渴望也会越来越旺盛。

有一点需要重申一下，希望大家不要搞错，所谓新的发现不是教科书或参考书上的知识，而是发现新的自我。

能够使人心无旁骛进行钻研的知识，都是非常有趣的。当你弄明白英语语法中的现在时与现在进行时的区别时，你也就发现了全新的自己。因为就在前一个瞬间你还是一个弄不清楚现在时和现在进行时的人。

换言之，获得新知识的过程也是发现掌握新知识的自己的过程。如“叙述现在情况的句子使用现在时，现在进行时的形式是 be ＋动词 ing 形式。这时你的脑海里也许会想有没有过去进行时呢？”求知欲于是就会不断地膨胀，这样注意力与新发现就会进入一个良性循环。这就是我苦口婆心不断强调“快乐学习”的重要性的依据。

完全按照自己想象描绘图画，是件令人非常激动的事情。完全依靠自己的头脑、自己的想象，不断有新的发现，学习也好、绘画也好，都会变得非常轻松快乐。这就是我所说的做自己的主人的意义所在。

但是，很多妈妈想彻底摧毁这种注意力。她们想把考试成绩、学习时间、学习的自觉和快乐的学习变成艰苦的修行。

A君的妈妈认为“儿子对学习的态度太天真”，她的这句话就如同粗暴地夺过正要开始画画的A君的画板，然后自己在上面胡乱涂写是一样的。

这样一来，原本快乐的绘画就变成了无聊、痛苦的强制性作业。

为什么别人的干涉会让绘画变得无聊痛苦呢？原因是非常明了的。别人的横加干涉、别人强加的东西使孩子丧失了“发现自己新魅力”的喜悦感。没有了“发现充满魅力的全新自我”的喜悦，绘画、学习都会变得无比痛苦。

内心无法通过外在的成绩而满足

很多妈妈都通过考试名次、考试成绩以及学习时间等外在的东西来管理自己孩子的“内心”，唆使孩子打败自己的竞争对手。如果上学期成绩不好就给个“有罪判决”，并大肆宣扬这个“判决书”，逼迫孩子挽回名誉，所以孩子们都十分讨厌学习。

我们需要认真考虑的是，妈妈们所推崇的东西不仅不会给孩子带来快乐，甚至无视发现充满魅力的、全新的自我所带来的喜悦感，即“内心”的问题。

妈妈们对学习快乐与否的“内心”的问题置之不理，只关注学习成绩、学习时间以及竞争排名等外在的东西，给孩子制定了滴水不漏的管理体制。更有甚者，“如果学习成绩提高了就奖励电脑”，通过“物质”来激发孩子“内心”的干劲，所以孩子的内心越来越荒芜，越来越没有内涵。

对于我的话，一定有人会反驳说：“老师，您说的都是理想主义，在现实生活中，考试排名和考试成绩就决定了孩子的前途。我们督促激励不爱学习的孩子，就是为了让他们有个好的未来。”

这种想法是罪孽深重的，正因为这种错误想法的存在，原本属于内在思考和修养的问题变成了外在的物质问题，父母和孩子双双陷入了泥潭不能自拔。对于上面的反驳，我反问如下：“你认为排名竞争和应试大战是学习知识的正确方法吗？”

她们回答道：“这不是正确不正确的问题，而是实实在在需要面对的现实，我们不能逃避现实。”

4. 变成孩子敌人的母亲

同情心激发孩子的勇气

父母要想使孩子在注重考试排名和考试成绩的竞争社会中脱颖而出，并且能够享受学习本身的乐趣，方法只有一个，那就是向孩子表达自己的同情之意。

在应试教育和题海战术中苦苦挣扎的孩子们可以说是受难者。他们是打着教育旗号的非人性的生存游戏中的一个棋子。老师、父母都通过考试成绩、竞争排名以及校训这些外在的东西牢牢捆绑住孩子的手脚。

孩子们被逼到窒息的边缘，并且他们的肩上还被压上了作业、补习班的重担，真是喘不过气来。

他们不能通过玩耍和友情来丰富自己的精神世界，不管是睡着时还是清醒时，满脑子都是排名和考试的事情。

的确，通过排名、考试成绩以及平时成绩单来管

家长的同情心能激发在排名和题海中苦苦挣扎的孩子们无限的勇气！

理孩子，对老师和父母都是非常方便的。但是对孩子来说，这却是一场灾难。如果可能的话，妈妈们最需要做的就是向孩子表达自己的同情心。

“你太辛苦了。你一定不愿意想考试的事，而是想尽情地玩吧。以前的孩子被叫作‘风之子’，现在的你们就是‘排名之子’。”妈妈向孩子表达自己的同情心后，孩子们会认为“辛苦的人很多，并不只有我自己，这也是没有办法的事情”，内心会从容一些，他们就能赶走头脑中的杂念，全身心地努力拼搏。

父母仅仅向孩子表达自己的同情，形势就能 180 度大逆转，孩子能够充满勇气、积极地面对发生在自己身上的“不幸”。相反，如果没有得到妈妈的同情心，孩子就没有足够的勇气去面对降临在自己身上的灾难，很有可能会被压力压垮。

在本书中我反复强调：向自己的孩子表达同情，妈妈只需要做到温柔就够了，不应该忽视情感交流。

这些教育理念已经在很多实例中被验证过了。母亲温柔的鼓励（同情心）和一直站在孩子背后支持孩子的心意（善意和友情），比任何说教都能够让孩子变得强大。

不留情面的妈妈

但是，很多妈妈不仅忽视了同情心、温柔以及情感问题的重要性，而是监督孩子接受更加严格的应试教育。

也就是说，妈妈已经成了孩子的敌人。她经常毫不留情地对孩子吼道：“喂，你这样整天发呆，下次考试怎么办？你要是成绩下降了，妈妈饶不了你！”

这样就相当于把孤立无援的孩子只身推到枪雨弹林中去了。

忘记了温柔的妈妈，一点也注意不到自己的孩子已经进入了异常危险的境地，反而认为“孩子没有干劲”“不听父母的话”，而更加严格地对待孩子。

实际上，只要妈妈变得温柔了，几乎所有的问题儿童，就会像麻疹引起的发烧很快就会痊愈一样，一夜间解决了所有问题，朝着好的方向发展。

“孩子你也挺辛苦的。”“妈妈是你永远的后盾。”只要向孩子表达自己的同情心，孩子的世界就如同一瞬间从阴森的地狱升入开满鲜花的乐园。

遗憾的是，很多妈妈认为孩子置身“地狱”比置身“乐园”更安全。因为她们担心孩子置身乐园会沉迷于游戏而荒废了学业。所以必须要时刻唠叨孩子，让孩子时刻有危机感。

我们再重新审视一下前面提到的A君的妈妈所说过的一句话：“学习是快乐的，这样的说法都是骗人的。要想进入一流的大学必须要有下十八层地狱的决心。”

这位妈妈就是把开足马力前行的A君从“乐园”推到了“地狱”后，总算松了一口气，放下心来。

但是A君呢？妈妈的一句话让他关上了自己的心门，变得垂头丧气、无精打采起来。

接下来我想讨论一下，为什么妈妈们总是抓不住教育的本质（内心的问题），而热衷于增加孩子痛苦的教育方法（进行物质的威胁）呢？

妈妈们不仅对孩子如此，对自己也是严格要求，过分介意一些无关紧要的小失误，搞得自己整天双眉紧蹙，表情严肃。经常与他人比较的做法，容易让人只关注自己的不幸和弱点，丧失自信。

也就是说，妈妈们一直徘徊在极度悲观的世界中，所以她们只关注失误和缺点，选择了恐吓和痛苦的教学方针。她们一门心思地想纠正缺点和失误，所以才会用命令、禁止、强制等手段牢牢地束缚住孩子，而忽视孩子的真正魅力、喜悦和旺盛的求知欲。

请大家谨记，把孩子逼入地狱的教育不仅不会让孩子成才，反而容易把孩子逼入歪门邪道。

5. 给孩子和自己都打满分

为什么说妈妈们的教育完全偏离了教育的本质？原因是显而易见的。妈妈们把教育理解为“纠正缺点和失误”的过程。所以，她们只关注孩子的缺点和考试中的错误等让人不愉快的东西。

正确和失误，我们应该关注什么

我们假定孩子在数学考试中考了 50 分。一般妈妈看到这个成绩后都会把孩子训斥一通，因为妈妈眼中看到的只是试卷上错误的一半。这时妈妈心中盘算的一定是“这个成绩在班里会排多少名呢？一定是倒数吧”“连平均分都没到，一定要好好地惩罚一下他”。

如果妈妈只关注错误，只注重自己的孩子与其他孩子的比较，那么看到这个成绩时一定会生气的。

过度关注缺点、对自己过度苛刻、经常自责的妈妈们殊不知，这样一张试卷就会导致孩子讨厌数学。

听了妈妈的鼓励，孩子虽然没考好，但也会以积极的心态投入下一次考试。

被妈妈训斥后，孩子就会被失败感打败，这种屈辱感甚至会导致孩子自卑。这样一来，发现有魅力的全新自我也就无从谈起了。这种悲惨的充满羞耻的回忆会一直留在孩子的记忆中，影响孩子的一生。

所以，孩子才会讨厌数学。数学带给孩子的没有快乐，只有挫败感，孩子不可能会喜欢数学。

相反，如果妈妈看到考了50分的试卷后，反应与上述的不同，“太可惜了。不过你已经做对了一半，再加把劲儿。最难的题你都做对了，好厉害呀”。结果会怎么样呢?

这样一来，孩子的注意力就会放到做对的地方，而不是错误的地方。前途一下子变得光明起来，未来也充满希望。

如果妈妈再补充一句，效果就会更好：“做错的地方没关系。虽然你只考了50分，但在妈妈眼中你就是100分。你能够做对一半，太棒了。”

听了妈妈的鼓励，孩子的内心一定会像气球一样充盈起来。

虽然孩子只考了50分，但是他也从中获得了一定的成就感。所以孩子不会因此被打败，也不会因此丧失自信，而是会想“下次一定要考个让妈妈更加骄傲的好成绩”，以一种积极的心态投入到数学的学习中去。

让人丧失自信的罪恶意识和孤独感

听了我的话，一定会有妈妈反问我：“老师，这样会不会使孩子骄傲自大啊？不管怎么说，50 分只有 100 分的一半而已。”

我认为有两件事情可以摧毁人的自信心，一是“罪恶意识”，二是“孤独感”。

罪恶意识，能够引起自我否定，让人总是责备自己、怀疑自己，最终陷入深深的自卑中。

如果被孤独所笼罩，那么就不得不为了消除这种孤独而努力，这样，人生就变成困挠于过去的消极人生。

我们在前面讲述了从拒绝上学最终发展到施以家庭暴力的少年的故事。在他妈妈请求他“原谅”的一瞬间，一切都有了好转。原因就在于，“原谅”让他从过去中解脱出来，过去的一切都烟消云散了。

人如果放不下过去，就不会充满希望地生活下去。

在讲座上，我对大家说：“一个人的过失，就如同旧报纸上的新闻，对他本人和他人都是没有任何价值的。”

听了我的话后，坐在我对面的妈妈们的脸色都变得明朗起来。

当我斩钉截铁地说“过去无罪，释怀过去”时，她们如释重负。

正因为对过去耿耿于怀，所以才不满意现在的自己。认为“自己不行”的失败感只是过去留下的烙印而已，如果只着眼于现在，那么大家都是白纸一张，都是无罪的。

回归白纸的过程，就是“宽恕”的过程。一直揪着过去的失败和过失不放，就是罪恶意识。

一旦受制于罪恶意识，就不能遇到充满魅力的全新的自我，再做任何事情都不顺利，一直处于烦恼中。

现在大家应该明白，因为试卷上的错误就严厉批评孩子的做法是多么愚蠢了吧。

孩子根本就不会骄傲自大。认为如果不好好地管教他们，孩子就会无法无天，为所欲为，这只不过是妈妈的偏见而已。

其实妈妈们颠倒了因果关系。正因为妈妈紧紧地束缚住孩子，抓住他们过去的错误严加批评，所以孩子才会只想逃离；如果妈妈只注重自己孩子的优点和长处，对孩子非常温柔，没有一个孩子会想离开这样的妈妈的。

6. 孩子的“罪恶意识”和“孤独感”都来源于母亲

总是被过去的错误困扰着，不仅会给孩子带来伤害，其实对妈妈的伤害更巨大。也就是说，被“罪恶意识”和“孤独感”所折磨的，不是别人，正是各位妈妈。

正因为妈妈们对过去不能释怀，深受罪恶意识的折磨，所以孩子也会深受这种情绪的折磨。母亲恐惧孤独的情绪，也会传染给孩子。

就像根本不信任别人的妈妈，却要求自己的孩子信任别人一样可笑。如果她的孩子相信别人，那就是人间奇迹了。

妈妈不要将自己的烦恼传递给孩子

有一个来听我讲座的妈妈非常不善言辞，心中所想的也就能表达出十分之一，是一个非常弱势的母亲。但她对自己要求非常严格，总是希望做一个不会犯错的人，因此经常萎靡不振。

这位妈妈是很弱势的好人，所以她经常会被卷入到纠纷中去，会被他人中伤，还经常遭别人的白眼。

实际上这位妈妈非常讨厌自己的性格。她经常反思自己的性格，每反思一次就会产生更多的烦恼。她想让别人尊重她，害怕卷入纠纷，每天都战战兢兢，内心得不到丝毫的休息。

这个弱势的妈妈与孩子的关系也不融洽。孩子们非常讨厌总是疑神疑鬼、有点神经质的妈妈，并且她还特别爱唠叨。这位妈妈对别人谨小慎微，对自己的家人却非常粗暴。

这就是典型的“窝里横”。对自己的缺点很敏感的人，也非常在意孩子的缺点。过于在意自己的过失的母亲，对孩子的过失也会耿耿于怀。因为自己恐惧孤独，所以很难注意到孩子是否孤独。

给自己打满分，一切事态都有了好转

为期四周的讲座结束后，又过了几个月这位妈妈给我寄来了一封信。信里写道：

……这几个月，孩子的态度明显有了改变，性格变得开朗了，也爱说话了，我都有点怀疑自己的眼睛。我丈夫也高兴地说："咱们家里的笑声多了。"

老师您说过"不要纠结于过去，过去是没价值的"，现在我终于明白给真实的自己打100分的真正意义了。

把昨天的事情全部清零，回到白纸状态，就会感觉到每天都力量无穷。自己做任何事情都是正确的，都是100分，稍微夸张点说，感觉自己的人生充满了乐趣。老师您曾经说过："遥远的宇宙发送来能够最大限度激发人类能力的电波。接受这种电波的频率必须是100赫兹。"当时听了您的话，我以为您是开玩笑。但是没想到就是您这句类似玩笑的话，把一直困扰我的烦恼完全消除了。把自己的频率调到100赫兹，实际上就是给真实的自己打满分的意思。

我一直以来过于在意自己的缺点和失败，对自己非常苛刻，并且非常自卑，觉得自己比别人差。

自卑感、对失误和缺点的恐惧，让我变得谨小慎微，非常怯懦。我的这种性格也给孩子带来了不好的影响。我以前对自己非常没自信，给自己的分数不超过50分。正因为如此，我对孩子也没有自信，给孩子的分数也不超过50分。

但是现在我变了。我变得自信起来，完全接受了真实的自己，不再过于在意别人的看法和想法。

我把孩子的考试成绩也改成100分，孩子们改完答案后哈哈大笑。我对他们说："加油，小天才们！"孩子们会非常爽朗地大声回答我。

也许得益于这些改变，孩子们的成绩都有了提高。前几天，大儿子英语考试竟然得了90分，这让我非常吃惊，高兴得我热泪盈眶。因为以前他的最好成绩也不过是60分。

现在看到孩子坐在书桌前自觉学习的样子，不由得为以前从早唠叨到晚的自己感到羞愧。但是我记住了老师的教诲，给现在的自己打100分，过去的就过去了，与现在无关，所以我堂堂正正地给自己打了100分。

现在面对学校和邻居时，我也会明确地表达自己的想法。有一个邻居经常在我忙着整理、做家务的时候来我家玩，她非常闲，就是打发时间，从来不问我是否有时间、是否方便，总是想来就来，来了后就坐

有了对彼此和自我的认可，妈妈和孩子的

每一天都会充满阳光。

在那里与我闲聊几个小时。以前的我，即使心里非常为难，也会坐下当她的听众，但是现在我会直接拒绝她“不好意思，今天我很忙”。

当我第一次说出这样拒绝的话时，内心非常激动，激动得我都想高呼“万岁”了，因为我终于感受到按照自己意志生活的美好滋味了。

我完全抛弃了“这样对别人不好吧”的想法，按照自己内心的想法行事，因为真实的自己是100分。当我开始这样思考问题时，我激动地又想高喊“万岁”了。

前几天，我和孩子一起去商场买东西，回来的路上去了一趟游戏中心，晚饭在拉面店解决了。以前的我，像这样优哉游哉地度过周末的下午，并且在外面解决晚饭，根本是不可能的事。以前我会不断地追问孩子“做完作业了吗?”“没事干的话，就打扫一下房间”。而我自己会为了准备“便宜又可口的晚饭”而焦虑不安。

以前我总是不断地问自己“有没有忘记做的事情?”“这样做可以吗?”“别人的生活是不是比我过得更好?”一想到这些，我就叹气不止，感到自己真是一个笨蛋。

但是现在，即使偶尔偷个懒、歇口气，我也对自己很自信，这才是真实的我，真实的我是100分的。

以前的我，如果疏于家务，如果周末无所事事，内心就会有罪恶感。但是老师说："人是没有罪的，只要不给别人添麻烦，做什么事情都是可以的。"

现在我感觉自己像被解放了，正如老师所说："正确的事情和能力是不同的两件事。"为了自己、为了家人，我不要做怯懦的好人，而要做一个厚脸皮的好人。

以前，我是一个怯懦的好人，所以我对自己要求严格，对孩子也唠唠叨叨。我认为表里不一是不好的，所以为了做到表里如一，我严格要求自己，一丝不敢松懈，结果却伤害了自己周围的人。

给自己打100分后，我能够抛开"罪恶意识"和"孤独感"了。我接受了"过去"是无意义、无价值的观点后，每天早上都会以一张白纸的状态醒来。把一切清零后，我变得非常有活力，每天早上都精力充沛地对自己说："充满干劲地过好今天吧。"

给真实的自己100分——多么美好的句子啊！老师，谢谢您！

7. 人只有被宽恕才能重新开始

和问题儿童面谈时，我总是会对他们说：“你们没有任何过错。过去的失败？如果你们耿耿于怀于过去的失败这种‘无聊’的事情，那以后可成不了了不起的大人物。你们听说过吗，在开往未来的豪华列车一等座车票的背面写着这样一句话：你的未来想获得多少荣光，就必须放下多少过去的包袱。在我看来，对过去不能释怀的人是愚蠢之极的。”

听完我这番话后，坐在我面前的少年们都会大松一口气。为什么呢？因为那一瞬间他们获得了切断过去的勇气。也就是说，那一瞬间他们被赦免了。

忘掉过去，回归白纸

宽恕过去的错误，就是回归白纸，从零开始。既然已经回归白纸，如果再继续把他当问题儿童对待，那么必然会继续污染这张白纸。对孩子来说，做一个正常的没有任何问题的孩子比做问题儿童更轻松、更自然。

所以，问题儿童一旦被宽恕，就不会再成为问题儿童。

但是学校、老师、母亲，他们认为孩子一旦成为问题儿童就永远都是问题儿童。所以，他们拿着矫正、指导问题儿童的手册，不断地研究相应的对策。

我曾经指导过一个问题少女，对这个孩子，我坚持了一贯的态度。首先，承认眼前的这位少女是一位成熟的优秀女性。对这位女士，我没有掩饰自己的尊敬之意。我对她说："你值得拥有更多人的尊敬。"听了我的话后，原本抱着"破罐子破摔"态度的她，变得温柔可爱起来。

那时，我脑子里删除了她过去的所有信息。我眼中看到的是一个拥有光明未来的少女。这个少女也开始慢慢地打开话匣子，开始谈论自己未来的样子，以及自己心目中理想的男性。

一切正朝着好的方向转变时，她妈妈的一句话让大好形势立刻逆转。她妈妈说："你能坚持就好了！"少女听到妈妈的这句话后立刻变脸，还嘴道："烦人，臭老太婆。"

她妈妈无意识地又把孩子过去的错误给翻了出来，所以孩子绝望地大声呼喊。

不断地被翻出过去，人就会一直被过去所困扰，不能遇见“充满魅力的全新的自己”。所以那位少女会伤心欲绝地大骂自己的妈妈。

那时我也非常生气，大喊一声“住嘴”。我生气的对象不是那位少女，而是她的妈妈。我对她说：“您能不能不要随便插嘴。”

听到我的大喊声，那位母亲和少女都大吃一惊，认真地看着我的脸。

于是我趁机耐心地对她们两人说：“过去都是没有价值的，也是没有罪的。”我没有笼统地对她俩说“忘记过去”。

我对那位妈妈说：“在这世界上是没有过去的。请您把这一点铭记在心。以后不要再提起孩子的过去了，否则就别来找我了”。

我对那位少女说：“做现在的自己就行。现在的你是与过去没有任何牵连的一个全新的自己”。

过去的失败以及因为过去的错误产生的罪恶意识，都是损伤我们精力、挫败我们勇气、夺走我们干劲和自信的罪犯。

过去原本是是无价值的，但我们却很难回到白纸的状态，很难给真实的自己打 100 分，很难为了自己竭尽全力。原因就在于我们不能“宽恕”。因为缺少宽恕自己、宽恕别人的宽容精神，所以我们一直被过去的错误紧紧地捆绑。

一切从擦掉叉号开始吧

满试卷的叉号，让正确答案无处下笔。我认为试卷上不需要叉号，只有对号就足够了。仅仅因为学生“不理解”“错了”“忘记了”等理由而没有写对正确答案，老师就给了一个大大的“叉号”，这太不可理喻了。我们不应该给孩子打“叉号”，而应该温柔地教会孩子正确答案。

孩子看到试卷上的叉号，就如同自己也被打了“叉号”一样。但是如果试卷上只打对号，那么孩子看到试卷上寥寥无几的对号，一定会给自己打气说：“下次一定要努力。”

满试卷的叉号会影响孩子的干劲。因为人的本性是：获得了积极肯定的暗示，才能够勇往直前。

孩子学习成绩一直提高不了，很多时候都是因为看到了满试卷的叉号，自己的脑子停止了运转造成的。

被“叉号”捆住手脚，孩子很容易丧失学习的兴趣。同样的道理，把问题儿童一直当作问题儿童对待，那么孩子就会一直被“问题儿童”这条绳索束缚住，永远也挣脱不掉。

有一位妈妈看到孩子的试卷后，会用修正液认真地涂掉上面的叉号，然后和孩子一起用红笔写上正确答案。全部改完之后，妈妈会大大地写上“100 分”。

这里面最重要的不是修正答案、修改错误，而是擦掉叉号的做法。与孩子一起高高兴兴地擦掉叉号，孩子就能够轻松地克服“叉号”恐惧。

叉号是对过去的惩罚，是竞争社会给落后者打上的一种残酷的烙印。

其实这只不过是应试教育中淘汰考生的一种手段而已。

被打了叉号的知识点，只是当时不会，随着进一步的学习是能够轻松理解的。也就是说，对与错只不过是时间问题而已。

对于一个问题，孩子的理解速度有快有慢。有的孩子能够很快就理解，有的孩子需要耗费一些时间才能理解。但学习并不是说理解得越快越好，很多时候花费大量的时间慢慢理解，反而更有利于透彻地掌握。不，其实慢慢地理解才是正确的学习方法吧。

所以前面的那位妈妈才会拼命地擦掉叉号，给得了50分的卷子打上100分。那位妈妈想表达的意思是：“我家孩子并不是不会，只不过还没有记住而已。”

叉号原本的含义就是“你还不理解这个问题，还需要进一步理解，所以不能给你打对号”。擦掉叉号，写上正确答案，即使这个正确答案是在爸爸或妈妈的帮助下获得的，那也是一件值得自豪的事情。

所以，不在意叉号的孩子，能够不断地挑战全新的自我。因为他们眼中看到的不是满是叉号的过去，而是画满对号的未来。

妈妈心语

给真实的自己打100分的孩子，成绩自然突飞猛进。

上初二的小儿子每次考试基本都在30分到50分之间徘徊，成绩表上也基本都是2或3。所以每次考试后或学期末，我家总会因为他的考试成绩爆发亲子大战。上初中后，他突然非常讨厌学习，学习时甚至连10分钟都坚持不了。即使我们强迫他趴在学习桌上，他满脑子想的都是怎么能瞒住我们，注意力一点儿都不集中。

我越让他好好学习，他就越是故意气我，不是在自己的房间里看杂志就是骑着自行车出去玩，完全没有认真学习的意思。我为孩子学习成绩下降焦躁不安，孩子却一点儿也不想学习。正当我为此烦恼不已的时候，朋友向我推荐了山崎老师的著作。书中写道："不要在意试卷上的叉号，要关注上面的对号，这样的话孩子就会萌发学习的劲头。"当时我正为小儿子的学习一筹莫展，于是立刻认真地拜读起来。

很快我就有幸参加了母亲心理学教室，豪不夸张地说，在那里我大开眼界，彻底明白了如何对待孩子学习的问题。

以前，我把考试中的错误等同于善恶中的恶，因此考完试后就如同审讯罪犯的警察，不断地逼迫孩子。

在讲座中，山崎老师问我们一个问题："孩子们是一个台阶一个台阶慢慢成长的，学习能力也是渐渐提高的。但是这个梯子的台阶，有的非常结实能够支撑足够的重量，有的非常的脆弱，稍微用点力就会折断。请问什么样的台阶稍微用点力就会折断呢？"

其他参加讲座的妈妈们都默不作声，不知所指，我立刻意识到老师所指的就是试卷上的叉号。那时我就对自己说："提高孩子的学习成绩，需要耐心地一个一个地增加孩子试卷上的对号。"

以前孩子拿回试卷，不管试卷上是80分还是90分，我最关注的都是试卷上的叉号，然后就训孩子说："会做的题为什么做错了？"当时的我认为减少孩子试卷上的叉号，就能提高孩子的学习成绩。

这种想法一直贯穿于我教育孩子的始终。我一直认为不断批评孩子试卷上的叉号、孩子的缺点以及做得不到位的地方，这就是教育。

但结果是，上小学的时候，孩子的成绩还勉强能说得过去；上初中之后，成绩突然直线下降；初一下学期，几乎所有的科目都在平均分以下。

其实类似的情况也曾发生过。大儿子曾经成绩下滑的状况也和小儿子非常相似。虽然没有小儿子这么急剧，但是上初中后他由原来的“优等生”变成了“一般生”。

听完讲座后，我暗下决心：以后不要再因为试卷上的叉号责备孩子了。这时的我意识到，因为试卷上的叉号责备孩子就等于强迫孩子爬上已经腐朽的梯子，这样孩子会越来越讨厌学习。

孩子拿回来英语试卷，仅仅考了 38 分。虽然我非常失望，但是并没有表现出来，只是关注孩子做对的地方。填空题填写介词的部分全军覆没，但是英语作文孩子写得很好，并且介词用得非常准确，我不由地露出了笑容。

“妈妈你怎么了？”小儿子惊奇地问我。以前的我这时应该是雷霆大怒，但是今天我却笑了，孩子觉得非常不可思议。

“其实你会做。”我愉快地对孩子说。

“会做什么？”

“英语作文里，你的介词用得非常准确，填空题中的介词却填写错了，是疏忽了吧。实际上你会做，对吗？”

孩子认真地看了看试卷，“原来这样啊！”他豁然开朗，脸上露出了笑容。

接下来我从孩子做对的地方开始，重新看了一遍试卷，虽然现在只得了 38 分，但是这一定会成为孩子迈向下一步的台阶。

以前的我，一定是先对这 38 分感到失望，然后从错误的地方入手分析试卷。我眼中看到的只是孩子介词全军覆没的部分，对于英语作文中写对的介词则认定是孩子作弊抄的。接下来我就会严厉批评孩子，打击孩子的学习积极性。

老师曾经说过，对学习的胜利感是非常必要的。也就是说，一定要多关注孩子做对的地方。叉号是阻碍前进的绊脚石，想要搬掉这块绊脚石，离不开“对号”带来的自信。

自从我开始“大力表扬孩子试卷上的对号，无视叉号”，长子和次子的成绩都有了很大的提高，经常都是考八九十分。并且他们变得有点过于自信，经常会说“连这题都不会做的人，一定是脑子有问题”，好像忘记了自己以前的分数。我觉得这样挺好，即使孩子有点自大，但是这种胜利感将成为推动他们不断进步的动力。

第三章

孩子渴望父母的理解

给予孩子所渴望的同情和理解，做孩子一生的朋友。

1. 从心情入手理解孩子的任性和自私

人不可能独自生存下去。一个人单打独斗的话，会因为孤独感而身心疲惫。人也很容易因为孤独的辛苦与悲伤，变得自暴自弃，甚至可能走上犯罪、伤害他人，甚至自杀之路。

但是很多人认为孤独没有什么大不了的，只不过是“没有伙伴一起玩而已”。他们根本就没有意识到孤独的危害到底有多大。

爱是治愈孤独所带来的痛苦和悲伤的良药

人为了克服与生俱来的孤独，要拼命活下去。我认为人类活动的动力源泉是内心对他人的爱的渴望，这种渴望是非常强烈的。

换种说法大家更好理解。对人类来说，没有比孤独感更让人痛苦的了。为了克服这种孤独感，人类日夜不停地努力，绞尽脑汁追求新的智慧。然后从与他人建立的温暖关系中，摆脱孤独，寻求幸福。为什么孤独会让人类感到痛苦与悲伤呢？只要思考一下我们的人生你立刻就会明白了。

人从呱呱落地开始，就一刻也没有单独生活过。人不可能像生活在深海的鮟鱇鱼一样，独自藏在角落里静候猎物上钩，这样的人生是无比悲惨的。

婴儿时期，我们集父母的爱于一身，被妈妈搂在胸前安睡。幼儿时期，父母一直陪伴左右。长大后，我们也继续着这种有爱的生活。

父母、兄弟姐妹、朋友、同学、同事，以及恋人、爱人、孩子。人的交际网就这样没有边界，无限延伸，给我们的内心带来了无法衡量的充实感。

人不能一个人生活，不是因为软弱，而是因为与他人互相扶持着走下去是人类的宿命。也就是说，人不是独行侠，是需要生活在一定的人际关系中的。所以与他人关系和谐的时候，人就会感到安心；与他人关系糟糕的时候，内心就会变得忐忑不安，就会像在波涛汹涌的大海中航行的小船似的，不断地在狂风暴雨中颠簸翻转，彷徨不前。人不能忍受寂寞，不是因为柔弱，而是因为只有在爱与被爱中才能活出人的尊严。

我们的心理活动也是在与他人关系的基础上形成的。接纳他人、被他人接纳的喜悦，就成为头脑转动和内心活跃的润滑油。与他人建立信赖关系后，自我就可以获得内心的安定。

自闭症、人格分裂症或失感情症等心病，都是由于隔断了自我与他人的关系后导致的。

当知道不能从他人那里获得期待的共鸣或理解后，我们就会产生封闭自己、与他人保持一定距离的念头，这样对自己来说是最理想的状态。于是，我们就会停止内心的活动，把自己封闭到自我的小天地中去。

很多人认为“自我”是靠自己的力量建立的，甚至有人认为要建立真正的“自我”，就需要消除与他人的依赖关系。只有能够忍受孤独，耐得住寂寞，才算是真正成熟的人。

其实这是很大的误解。如果寻求自我就要排除他人的话，那么我们所有的人都会患上自闭症。

我们忘记了一个人是不可能生存下去的道理，人不可能像深海的鮟鱇鱼一样独自生活。

自我的再统一

孩子们长大后，就开始为与父母的关系感到烦心。他们开始想摆脱父母的保护、干涉和控制。

这时在他们的生活中，父母的重要性开始减弱，他们更需要的是朋友、恋人以及前辈、后辈、熟人这些社会性的关系。

这时候父母会感觉孩子开始疏远自己。其实对于这时的孩子来说，和朋友一起外出郊游或听音乐会，比和父母一起旅游更快乐。他们热衷于通过与朋友、同伴的交往，发现全新的自我。

但是需要弄明白一点，孩子与朋友的交往，归根到底只是亲子关系的替代品。也就是说，在孩子的潜意识中，依然期盼着与父母之间的坚强纽带。

如果忽视了这种纽带关系，孩子或许就会被寂寞击垮，甚至丧失生活的勇气。那些一直生活在父母的庇佑下，一直被娇宠，甚至没有想过要摆脱这种生活的孩子们，除了父母，他们不可能与其他任何人建立信赖关系。

我们长大成人后，希望实现自我的再统一。摆脱一直被父母保护的自己，转而向他人寻求理解和支持。

处于父母保护下的儿童时期，他们是不可能按照自己的意愿开拓自己的人生的。说他们“没有责任感”或许不太恰当，但是正因为他们处于父母以及周围成年人的控制下，所以在一定程度上允许他们处于一种分裂状态，允许他们的任性和妄为。但是长大成人后，这种行为将不被允许。他们必须控制好自己的冲动和个性，形成稳定的人格。

这时就需要把以前处于分裂状态的自己统合到一起，实现自我的统一化。此刻与他人的关系就变得异常重要起来。也就是说人在进行自我再统一之时，离不开他人的帮助。

如果不能实现自我的再统一，那么内心就会忐忑不安，就会陷入深深的不安和寂寞中，不能获得片刻的安宁。人会被自己力量的弱小所困扰，被恐惧、孤独感所折磨。

万一出现这种情况，人要么会寻求宗教的安慰，要么会过着醉生梦死的享乐生活。但是所有的这些做法都是徒劳的，特别是醉生梦死的享乐，事后需要承受大于享乐几倍的痛苦。

2. 消除孤独感需要与他人建立信赖关系

在这里我还想重申一遍，人是不可能独自生存的。也就是说，人的烦恼、困惑，如果没有别人的帮助是不可能消除的。这是人类的宿命。并且，这种宿命是无论如何都无法摆脱的。即使修养再好，读书再多，孤独的痛苦也会一直伴其左右，直到孤独的状态消失为止。

即使内心再强大也是无济于事的，因为人类的天性决定了人是不可能战胜孤独的，所以人对孤独感是无能为力的。

我反复强调过：孤独感和罪恶感能够把人变得脆弱。因此，想要获得内心的安定，不是一件容易的事情。

要消除孤独感，就需要父母或者朋友、恋人的帮助。其实对我们来说，最值得信赖的人是父母，朋友和恋人只不过是父母的替代品而已。

即使把座右铭读上千百遍，也不可能摆脱孤独感。但是如果被父母或者爱人紧紧地抱住，我们立刻会涌出无穷的勇气，孤独感会立刻烟消云散。

孩子在步入成年之际，都会埋头干一件大事，那就是进行自我的再统一化。自己亲手结束在父母面前撒娇的日子，靠自己勇敢地迈入成年人的行列。

自我再统一的矛盾

此时他们会遇到一个巨大的矛盾。打算离开父母实现独立的自我再统一化，需要从与父母的一体感中脱离出来。自我再统一化是在与他人的信赖关系上建立起来的，而最值得信赖的他人就是自己的父母。

其实冷静地想一下，两者并不矛盾，这只不过是一个过渡。孩子想要摆脱的只是父母的命令、禁止和强迫，而不是父母的爱。

对于父母来说，寻求自立的孩子并不是急切地想离开父母，这只是孩子关注点变化的一个外在表现而已。孩子并不是讨厌父母，只不过在孩子进行自我再统一化的时期，如果父母喋喋不休地唠叨，孩子会担心继续被父母当作幼儿对待，所以就会进行激烈的反抗。

那些出现断绝亲子关系的情况，就是因为弄错了事实真相。

从小学高年级或中学开始，孩子内心就会出现很大的波澜。他们想从躺在妈妈怀里睡觉的体验和记忆中走出来，进入成年人的世界。

正如我前面所说：“妈妈的唠叨是多余的，而妈妈的温柔是孩子成熟的催化剂。”这一自我再统一化的矛盾必定是绕不开的。

在这个时期最重要的也是最好的方法就是理解孩子这种复杂的心情，静静地守护孩子。

信赖关系是从理解对方开始的

有一个少年因与朋友一起在超市偷窃被警察批评教育，幸运的是对方同意不告知学校，只是让他们谢罪和赔偿就放过了他们。这件事情以后，这个孩子的成绩一点点下滑。妈妈老是叹息：“以前多好的孩子啊，可惜现在……唉……”妈妈越是叹气，孩子的内心越不安。但是妈妈的一句话给了孩子重新振作起来的勇气，那就是“你一直都非常后悔吧”。

这时孩子终于说出了实话："当时我也没有办法，运气太背了。如果当时我自己逃跑了的话，会被看作胆小鬼的。"

这时妈妈才终于理解，其实孩子是被卷入这个事件的。发生这事的时候，这位妈妈非常慌张，严厉地责备了孩子。但是孩子却一句也没有辩驳，只是低头不语。

孩子有自己的想法，如果辩驳说"自己没有做的话"，就等于出卖了朋友。或许他对自己视而不见的做法感到羞愧，或许他当时的确是共犯，但是他当时闭紧嘴巴什么都没说。

下定决心严守秘密是成年人的觉悟。孩子坚持这种成年人的觉悟，或许就是为了进入成年人的行列。

这是一个令人头疼的年龄段。不仅让父母感到头疼，他们自己也非常苦恼。但是任何人都必须经过这个艰难的阶段。

这个孩子应该是很孤独的，很可怜的，但是如果他背叛了朋友向母亲坦白了一切的话，那么自我的再统一化就会失败。因为自我的再统一化必须是在与他人建立完全信赖关系的基础上才能够成立的。

如果那时妈妈非要刨根问底，不断地责备他，他可能真会做出与妈妈断绝关系的举动来。现在的他已不是被妈妈惩罚一下就哭泣的小孩子，也还没有拥有成人般的坚强和智慧，无法从容应对一切。

这个少年的心情被妈妈理解后，他立刻恢复了活力。因为他既摆脱了妈妈的控制，又得到了妈妈的理解，感觉自己是大人了，所以能够完全放下这件事情。

人需要被理解，被身边人理解就会感到非常安心。如果身边有一个不计得失、不需理由全力支持自己的人，内心就会如同静静的漂浮在海湾的小船，非常的平静。但是如果被孤立，内心会非常不安，就如同置身于波涛汹涌中，担心随时会被大海吞没。

如果那个时候，妈妈对他这样说的话，事态会变成什么样呢？“你一定是被其他孩子利用了。你没有错，错的是那些孩子，你还是你。以后不要让妈妈失望了。”

听了妈妈的这番话，孩子一定会非常失望。因为他认为妈妈还仅仅把他当作一个孩子看待，一点也没有理解他的心情。

实现自我再统一，需要的是与他人之间无条件的信赖关系。这种信赖关系超越了对与错的价值标准，同时还需要与他人互相理解的成熟态度。

3. 孩子之所以迷茫，是因为妈妈内心不安定

内心的安定需要通过对他人的信赖获得。身边有一个自己真心信赖、互有好感的人，内心会感到非常充实。

实际上这是非常困难的事情，因为人很难做到百分百信赖他人。别说别人了，就是对自己也很难百分百地信赖。所以我们的内心经常伴随着不安，经常感到孤独。

难以百分百地信赖，这好像就是我们内心迷茫的根源。可以说，我们的人生旅途就是在不断地追求绝对的信赖，也就是不断地追求内心安定的过程。

回想一下小时候的情形，生活在我们身边的是让我们绝对信任的父母。正因为百分百地相信父母，所以我们的童年才能过得无忧无虑非常幸福。但是，长大后，这种绝对的信任不存在了。因为经历了自立的过程后，我们必须要抛弃这种绝对的信赖。

内心不安的根源

在讲座上，我经常进行这样的问卷调查。

“请写出5个你认为是绝对的事物，太阳每天从东方升起等自然现象除外。”

令我吃惊的是，大家都认为没有什么绝对的事物。也就是说，我们不仅对他人没有绝对的信任，就是对自己也不是绝对信任的。

有几张问卷上写着“自己”“金钱”“孩子”“丈夫”“父母”，但是每一项的后面都打了问号。

于是我问大家：“为什么我们对绝对的事物失去了信赖？”

妈妈们都轻轻地摇头，谁也不能回答我这个问题。教室里一下子就安静下来，妈妈们都非常懊恼，为自己不相信其他事物，甚至自己的行为而懊恼。

世上有爱、自由、平等、人权等很多伟大的词汇，但是坐在教室里的妈妈们认为这些都不是绝对的。

在讨论时间，渐渐地出现了一些这样的结论：

“对我来说绝对的东西就是妈妈抱我时胸口的温暖”“使劲吮吸乳汁的宝宝……”讨论到此，她们不由地叹息，或许这就是内心不安和寂寞的根源吧。

当我们对事物失去了绝对的信任时，就会被寂寞打败，被内心的不安折磨。

其实不是世上不存在绝对的事物，而是因为我们不相信这世上有绝对的事物，所以就丧失了支撑自己的根基，内心变得不安。

父母对孩子来说是绝对的存在

我们站在孩子的角度上想一下，如果没有绝对值得信赖的事物，人就会受到孤独感的折磨。于是，孩子因为不安就会注意力不集中，就会丧失目标，就会变得没有自信、心慌意乱、情绪不稳定。

所有的根源就在于妈妈不是孩子绝对信赖的存在。如果孩子可以绝对地信任妈妈，那么他们就会毫不迷茫，百分百地信赖自己，就会茁壮地成长。

在前面的章节我已经说过，以父母为荣的孩子对自己也非常满意。父母以孩子为荣，孩子也会以父母为荣。也就是说，当孩子知道自己非常崇拜的父母以自己为荣时，他们心中就会拥有强大的自信。

同样，百分百信赖父母的孩子，就能够百分百地相信自己。对于父母的爱的绝对信赖，激发了对自己的绝对信任。父母堂堂正正、光明磊落，孩子也会堂堂正正、自信满满。

这样一来，孩子就会充满勇气，毫无畏惧，既不会感到不安，也不会陷入迷茫。这种绝对的信任使人就如同站在大地上一般踏实安稳，内心非常的安定。

父母必须成为绝对的存在，否则不仅父母不能拥有一颗安定的心，孩子也会不相信世上存在绝对的事物，这样孩子很容易在人生这场比赛中落后。

4. 亲情中掺杂“攀比”“条件”是禁忌

我说过，孩子只有在相信父母的爱是绝对的存在时，才能获得内心的安定。当强烈地感觉到“自己被爱”时，孩子的内心才会像深深扎根于大地的参天大树一样安稳。

绝对的信赖让内心感到安稳

我一直强调孩子注意力集中与否在于内心是否有安全感。

当从父母那里获得安全感后，孩子就会像稳坐在大地上一样，内心非常沉稳。

这就是平常心。只有拥有了平常心孩子才能集中注意力。相反，如果孩子不相信父母给予的爱，或者对于这种爱持怀疑态度，那么孩子就如同站在摇晃的大地上，内心感到不安。这样就会萌发强烈的焦躁感，不仅注意力不集中，任何事情都无从下手。

成年人也是一样的。与爱的对象关系融洽时，我们的内心就会非常平静。但是如果两人的关系出现裂缝，生活就会立刻陷入混乱。支撑自己的支柱倒塌后，大地就会开始摇晃。

前面我们已经说过，人只有抛开疑心后才会获得内心的平静，只有绝对的信赖才能让人拥有坚强的内心。和谐的爱是生存的支柱，当你开始怀疑爱的一方时，自己的内心就会变得非常不安。

对于孩子来说，父母必须是绝对的存在。所以当妈妈内心不安、非常焦虑、非常迷茫时，她的话、她的态度也会影响到孩子，让孩子没有安全感。妈妈内心的不安全感会立刻传给孩子，孩子也会变得怀疑不安。

为了寻求内心的安定，孩子认为妈妈是绝对的存在，妈妈心中也必须有绝对信赖的东西。也有很多妈妈认为孩子对自己来说就是绝对的存在，但是父母是不能依赖孩子的。并且，父母过于为孩子着想的话，很容易演变成过度保护、过度干涉或者过度控制，这样就不可能形成正常的亲子关系。

人人都期盼存在绝对的事物

那么包括妈妈在内的成年人，他们应该相信什么是绝对存在的事物呢？

我在欧洲致力于道德再武装运动（MRA）和卡耐基讲座的时候，经常有外国的舍友、前辈问我一个问题：

“山崎先生，你好像是无宗教主义者，那么你是如何保持一颗平常心的呢？”

因为他们内心存在着一个不容置疑的绝对神，所以他们拥有一颗平常心，获得了一种脚踏实地的安全感。他们非常不理解，没有宗教信仰的我是如何保持一颗平常心的呢？

如果把神从这些基督教徒身上拿走的话，他们一定不会保持冷静。原罪意识和孤独感会日夜折磨他们。

人必须有一个类似于神的让他深信不疑的绝对存在。

于是我这样回答他们：“我努力相信自己。”

听了我的回答后，他们瞪大眼睛非常吃惊：“你不是开玩笑吧？你真的要把自己当作神?”

在外国没有宗教信仰的话，会被看作是怪物。我也差点被当成怪物。

其实那个时候我正处于迷茫期，不知道自己的路在何方，每天都像身在地狱一样苦苦地探索追求。

他们所说的“不信神的话，是不可能拥有一颗平常心的”这句话，深深地触动了我。

对自己的绝对信赖

妈妈们，当你们绝对相信某事物后，一定能获得内心的安定吧。这个事物就是你自己。

成年人要想获得内心的安宁，应该意识到值得绝对信赖的东西不是别的，就是自己。或许有人认为我这是妄自尊大，其实我想说的是，大家不要误解了“绝对”的含义。此处的“绝对”指的是“不可比性”，不加修饰的真实状态就是最好的。

大家都有自己独特的相貌。有人眼睛大，有人眼睛小；有人鼻梁高，有人鼻梁矮。我们的性格、才能、出生地、生活环境、学历以及过去的经历都是各不相同的。不将这些属性、天分、资质与他人比较，完全接纳自己，给自己打 100 分，这就是我所说的对自己的绝对信赖。

矮个子的人如果把矮当成自己的独特性，他就可以充满自信地穿上与自己身高匹配的西服。如果不把矮当作自己的独特性，那他就会一直为自己的这个缺点感到烦恼。正因为不相信自己的独特性，所以才会不断地与他人进行比较。

以前我们深信，只有通过不断的反省、自诫、自我否定，才能形成伟大的人格。自己是一个不完美的存在，苦行是磨练人格的唯一方法。因为我们习惯了这样的人生理论：我们浑身都是缺点，需要改善的地方非常多。

这就导致我们对自己失去了绝对的信赖，不断在比较中审视自己。于是我们一直被不安和不信任感所折磨，在罪恶意识和孤独中苦苦挣扎。

如果我们坚信自己本身就是完美的，是 100 分的，无须完善和改正，事情会怎样呢？这样一来做真实的自己就好，无须依赖外界的其他绝对的事物。

但是，如果能够完全接受真实的自己，那么无须向神请求，也可以获得内心的平静，罪恶意识和孤独感也会一并消失。也就是说，此刻你就是自己的神。

完全接纳自己，包括自己的缺点和失败。这就是我所说的“成为自己的神”的内涵。

宽恕自己的同时也宽恕别人。完全相信自己，完全接纳自己的同时，对于自己的孩子、丈夫以及其他人也会给予关怀。这就是对自己的绝对信赖。

我已经呼吁过很多次“给自己打 100 分”。接纳真实的自己，包括自己的缺点和不足。这样说或许有些不太合适，请大家都成为“自己的神”。

5. 克服了恐惧的孩子，会爱上学习

当我们停止对自己的批判，停止与他人进行比较后，心情就如同五月的天空，晴空万里。当抛弃了善恶、好坏、好恶等评价标准后，心情一下子变得如同饱满气球一样轻松。

这就是对自己的绝对信赖。“这样做行吗”“必须行动起来了”“别人会怎么想呢”等想法，以及一直伴随在我们左右的焦虑，就是因为我们对自己和周围的人持一种批判的态度，总是用善恶、好坏等评价标准进行比较，并掺杂了自己好恶的情感而产生的。

我们往往陷入一种错觉，认为只有对自己和他人严格要求，才有助于事态的改善。认为“这样就行了”的想法是一种自以为是，这样容易滋生懒惰，容易丧失上进心。

实际上正好相反。牛、马需要鞭子的抽打才能前进，但是人一直处于压力的鞭策下的话，会丧失活力，陷入憎恶的漩涡，引发倒退现象。

帮助孩子缓解学习压力并克服对考试的恐惧，

孩子就会爱上学习。

接受真实的自己

人只有完全接受自己才会充满干劲。那时全身都会充满动力，大脑也会全速运转，罪恶意识也会消失，身心也会从孤独感中解放出来。

当罪恶意识和孤独感消失后，向自身以外的事物寻求绝对价值的欲望就会慢慢减弱。即使自己是错误的，自己也是一个绝对的存在，因此内心就如同风平浪静的大海，沉着稳重。儿童时期的那股活力和生机也会重新归来。

以前不断地要求自己克服缺点、弥补失败，不仅给自己带来了很大压力，这些不快和紧张感也往往会直接施加给自己的孩子。

很多妈妈一个劲儿地唠叨孩子“好好学习”“抓紧准备”“收拾一下房间”，孩子稍微有点失败或松懈，她就会像机关枪似的不停地唠叨，对丈夫也净是不满和牢骚。她们不仅用善恶、好坏、好恶的衡量标准来衡量自己，还套用到孩子和丈夫身上，结果就是整个世界都让她们束手无策、焦躁不安，心想“为什么就不能随我的心、如我的愿呢?”

如果停止所有的批评和比较，彻底扔掉善恶、好坏、好恶的评价标准，那么眼前看到的就会立刻变成另一幅景象，下面是一位妈妈的真实感受。

以前看到孩子在凌乱的房间里吃着零食看电视，我一定会火冒三丈。

“不要老看电视，做作业去。下次考试成绩下降的话就禁止你们看电视。”

孩子们把头一扭都跑到客厅去了。

周末看到丈夫躺在沙发上，我就会厌恶地说：“你的字典里没有家务这个词吗?”

给自己打了100分完全接受自己后，再看到这些情景，我也不会焦躁不安了。因为展现在我眼前的是不容批判的、需要百分百接受的真实情况。

于是我很自然地一边哼着歌一边收拾房间，也会笑眯眯地给孩子端过去红茶，有时还会对孩子说“给妈妈点吃”。我就这样在真实的生活中做真实的自己。看到躺在电视旁边睡着的丈夫，我也不会感到厌恶了，而是给他盖上毛巾被。

不再比较、批评，完全接纳自己之后，我对于他人的不完美也会表现得非常宽容。此时的我与认为自己浑身是缺点时完全相反，那时候我对周围的人非常苛刻。

这样一来，我就成了家里不可或缺的光明天使。孩子、丈夫，都可以在我面前非常放松。他们面对的再也不是让他们非常紧张的批评、比较，而是笑容和善意，所以他们的身心非常舒畅。

当孩子成为自己的“小尾巴”，丈夫也对自己心怀感激时，我也越来越有自信。我已经拥有了实现“自我再统一化”所必不可少的“他人的善意”。此时我再一次想起下面这句话：

“被爱，人才能变得坚强。”

于是，我自己的人生也变得光芒四射。想和朋友一起去看电影时，孩子会主动地帮我看家。穿上件新裙子后，丈夫也会笑眯眯地欣赏一番。把自己看作是绝对的存在后，周围的人也变得信赖和支持自己了。

自己打满分后，不仅不会变得懒散、骄傲自大，反而变得更加有活力，做事情更有积极性，头脑变得更加灵活，万事都变得非常顺利。

即使没有来自家人的批评、与他人的攀比，以及善恶的评价标准，人只要有礼仪、守规矩，就不会出任何乱子。其实只有这样，孩子才会更加认真地学习，丈夫才会更加卖力地工作，我才会每天乐于干家务。因为家变成了一个恢复元气的“宽容”和“心情舒畅”的地方。

这里大家必须要注意的一点就是，一定要告诉孩子给自己打100分的优点。

当没有压力后，做任何事情都会充满干劲儿、积极向上。因为由“必须做”变成了“因为喜欢所以去做”，心态有了一个180度的大转变。

厌恶学习的理由是压力

不情愿地学习三个小时，不如积极地学习一个小时有效率。

快乐学习的诀窍就是把批评、比较、好坏的判断这三个要素从脑子里删掉。

不介意做法是否错误、理解是否迟钝（没有批评），按照自己的节奏（不与他人比较），不担心自己的答案是否正确（抛开好坏的价值标准）时，学习就如同进入热带丛林探险一般，刺激又不失乐趣。孩子充满勇气，不断地发现新的动物和宝贝，体验激情澎湃、欢欣雀跃的探险之旅。

孩子之所以讨厌学习，就是因为他们没有踏入未知旅途的勇气，并且他们的妈妈还会责备他们“为什么连这个问题都不理解（旺盛的批判精神）”“其他的孩子都做得很好（与他人的比较）”“考这么点分，你不觉得丢人吗（把考试的分数进行好坏判断）”。

这样一来，原本应该非常愉快的冒险旅行就打了折扣。一旦被猛兽或巨蟒袭击过，谁都不会再想踏入热带雨林半步了。

内心的压力，就是由这些批评声、与他人比较导致的竞争，以及我们的自责引起的。也就是说，受他人或自身以外的价值观和评价的左右，自己的信心发生了动摇。因此，其内心的安定也受到了极大的影响。

这种心理就是“对未知事物的一种恐惧”。前面我们已经说过，要想百分百地发挥出自己的能力，必须相信自己身边看得见、听得到、手摸得着的事物。

其他的一切事物都是干扰自己的杂念而已。

注意力不集中、没有定力，这都是因为他们的内心被现实中并不存在的想象的怪物所干扰了。这怪物就是欲壑难填的愿望、恐惧、不信任感。这些眼睛看不到、手摸不着、耳朵听不见、实际上并不存在的怪物，扰乱了孩子们的心。

所以，要想让孩子认真学习，首先需要从孩子的心里把“恐惧”这个怪物赶跑。也就是让孩子只相信看得到、听得见、摸得着的东西，忘掉除此以外的其他东西。

其实孩子之所以害怕一些虚幻的东西，主要原因就在于很多妈妈不断地训斥孩子、恐吓孩子。如果妈妈们不停止这些行为，那么孩子长期处于“恐惧”和“担心”的环境下，很容易变得胆小怕事。

有的孩子担心“考试的时候有不会做的题怎么办呢”；有的孩子坐在教室里惶恐不安，担心自己会被同学欺负；有的孩子坐在房间里学习时满脑子都是讨厌的老师的影子，根本静不下心来；还有的孩子被妈妈逼迫坐在学习桌前，但一个字也进不了脑子。

这些孩子都不能冷静地好好看清现实。考试的时候，他们关注的不是眼前卷子上的问题，而是担心出现自己没有掌握的知识点。上课的时候，他们关注的不是老师说的话和写在黑板上的字，而是在意老师这个存在。他们担心的不是上课或考试的内容，而是老师会怎么想、我会不会被批评、我会不会被欺负等想象的情形。

因为学习和考试而经常被妈妈训斥的孩子也是同样的。他们满脑子都是被妈妈批评后的伤心绝望，根本无心学习。

他们被看不见、摸不着的幻想搞得筋疲力尽，脑子根本无暇思考。

学习就如同通过水面观察海底，慢慢地理解在大海中畅游的小鱼和海底的样子。所以，如果海面不能像镜子一样平静，孩子就不可能观察出任何事物。

如果孩子被幻想的波澜搅得心神不宁，就不可能全身心地投入到学习中。

让孩子学会接受现实

要想消除遮挡孩子视野的波浪，需要父母以身示范，告诉孩子根本不存在什么怪物。并且，不论出现什么结果，都不责备、恐吓孩子，无条件地支持孩子，让孩子接受现实，让孩子对自己绝对信赖。

当然，建议、鼓励和指导都是必要的。但是在这之前，最重要的就是教会孩子勇敢接受现实的重要性。

能够冷静地看清现实，孩子就能够根据自己的意志行动，用自己的大脑思考问题。

孩子考完试回家后一定会向妈妈汇报："这次考试有很多地方我不会做。"

妈妈可以这样回答："是吗？太不巧了。"

孩子或许会继续说："大家都会做，就我好多地方不会做。"

这时需要好好注意一下孩子的学习。此刻孩子对于他以前一直不明白的地方，具有强烈的求知欲，就如同想把海面上的水全部吸入大脑似的。

对于他们来说，眼中既没有可怕的怪物，也没有滔天骇浪，他们眼前呈现的只是真实的现状。

如果这时妈妈对他说："我每天不是都让你好好预习、复习吗？"那么对于孩子来说，这张没考好的试卷就变成了怪物对自己的恐吓信。

有的孩子被老师提问时，能够大声地说“我不会”；老师解释后马上就弄懂，然后高兴地大声说“明白了”。相反，有些孩子比起学习的内容，更在意老师的态度，这些孩子就很难真正好好听老师的讲解。因为过度害怕失败、丢脸，老师说的话就很难听进去了。

有个妈妈看到孩子拿回来的卷子只有30分，勃然大怒。因为这位妈妈把考试分数作为评价孩子好坏的标准。于是她结合期末考试成绩和在班里的排名，开始严厉地批评孩子平时的学习态度。此刻这位妈妈就如同在大海里兴风作浪的妖怪。

这位妈妈忘记了，对于那些不擅长学习的孩子来说，海面上起了波浪，他们就更看不清楚海底的样子了，这时应该做的是温柔地鼓励他们：“有什么需要妈妈帮忙的吗？”

这样一来，孩子就可以心平气和地翻开课本，此刻孩子才能够清楚地看透海底。孩子也会暗下决心，下次考试一定要考个好成绩。

妈妈心语

一个对育儿和家庭生活都失去信心，处于崩溃边缘的妈妈，相信自己后获得了重生。

在讲座中听到山崎老师说“给自己打100分”时，我的眼前突然变得明朗起来。当时我就强烈地感受到，这就是长久以来我一直苦苦寻求的心灵安慰。

以前我总是放不下过去，内心总是被不安笼罩，并且感到非常孤独，总是担心会不会因为自己的不周到给丈夫和孩子造成什么不幸。别说给自己打100分了，我总是认为自己是一个非常无聊的女人，就如同患上强迫症一样，这种想法一直挥之不去。

看到别人充满自信、泰然自若的样子，我就羡慕得不得了，这种自卑感不知不觉也影响了丈夫和孩子。我感觉这样下去的话自己会变得非常孤独，会变成一个不爱家人、一无是处的女人。这种不安让我非常焦躁，我会因为一点小事就责怪孩子，揪住丈夫不放。

这种状态持续下去的话，我一定会陷入自己讨厌自己的不幸境地。

瞒着丈夫，我也曾接受过精神科的咨询，但是内心的不安感和失落感并没有得到一丝缓解。

妈妈心理学教室是我从杂志上看到的，之所以下定决心参加这个讲座，是因为看到山崎老师慈祥的面容，我感觉自己能够从老师那里获得安慰。

于是，我在老师课堂上学到了“给自己打100分”这句话。

老师说内心的安定根本就是不存在的，完美的人格也是不存在的。老师还说不管你是双重性格，是两面派，还是爱把责任推给别人的自私鬼，都没有关系。因为爱是一个动词，不管你的心中如何想，只有付诸行动的时候，只有给别人切切实实带来好处的时候，这才是真正的爱。

“每个人的心中都有一块别人不能涉足的空间。这一空间没必要向别人展示。”这句话给我留下了深刻的印象。但是我区分不开什么是属于我的“自我空间”，什么是“表达出来的爱的行动”。

如果把山崎老师所说的“给自己打100分”看作

“爱的行动”的话，那么也就是说自己不管做什么都是可以被谅解的。

我听了老师的这句话后，果断地给自己打了100分。我对自己说，不管自己干什么想什么，这些都是爱的行动，都是可以被谅解的。

这样一想，突然间我的心变得轻松起来，笑容也多了起来。当时我脑子里浮现出来的是做完家务和晚饭后，我要一个人去市区尽情地购物，然后漫无目的地在繁华街道随便溜达。

以前虽然也有过这样的想法，但是我一直没有付诸行动。现在不同了，我果断地出了门。

“我即使做错了，即使不完美，但我得到的是100分。只要不给别人带来麻烦，无论做什么都是可以的。”

以前我一直期盼获得幸福，并且一直认为，为追求幸福而不断努力才是正确的。

现在当我想到不必努力就非常幸福时，感觉肩上的重担一下子轻了下来。我一直努力活着为寻求内心的那一份安定，但是当我明白根本就不存在内心的安定时，我懂得了对现在的自己感到满意即可。

“想要幸福，就说明现在不幸福。想追求内心的安定，就意味着现在的内心不安定。”我的耳边又响起了山崎老师的这句话。

“现在的我就是最好的，是100分的。”走在繁华街上我一遍遍地对自己说。我买了西装、靴子，在豪华商店看了一个多小时的珠宝。

这时身体的某个角落发出“这样做好吗”的声音。我给懦弱的自己打气说：“现在的自己就是最好的，是100分的。”

买靴子的时候，我不断地试穿。以前的我，差不多就买了。因为我对于店员的推荐不好意思拒绝，也没有勇气一直坚持找到自己最满意的商品为止。

但是这一天的我不同了，我下定决心一定要找到自己最喜欢的靴子。

买完东西后，我心情非常舒畅，感觉自己很轻松就找到了幸福。

我又给孩子买了汉堡包，给老公买了领带，回家后幸福感油然而生。想到自己有一个正直的丈夫，有一群可爱的孩子，我顿时感到无比幸福。

这一天我反复对自己说“现在的我是最好的，是

100 分的，现在的我很幸福。”

最近，孩子和丈夫的心情也非常舒畅。无须追逐什么，也没有外在压力，完全接受现状，让我内心获得了安宁。

结束语

我在整理原稿的时候，脑子里一直萦绕着某个科学画面，这个画面时不时地侵占我思考教育真谛的大脑。进化、基因、人类历史等就如同仰望夜空繁星一般，让人无法捉摸。

教育本身也蕴含着如同宇宙般浩瀚的真理——但我不这么认为。因为人的内心藏有不亚于宇宙之谜的巨大真理，教育其实是把人类的可能性挖掘出来的过程。

每当思考这个问题，我都非常严肃认真。如果仅靠一些粗浅的知识来教育孩子的话，那么必将造成不可弥补的错误。

我在本书的撰写过程中，经常陷入科学空想的原因就在此。

比如说基因。基因中储存的信息，是远远超出人类想象的。我们就是遵循基因上的组合信息成长为一个身心健康的人。这是一件多么不可思议、多么值得惊叹的事啊。与自然的这种巧妙组合相比，人的智慧是非常渺小的。

我们可以思考一下人类，这被自然界创造出来的伟大生命。不管人的智力如何发达，现代科学制造出来的机器人的能力都抵不上人类能力的几万分之一。而如果与亲子之间复杂的情感问题相比的话，通过人类智慧创造出来的东西就如同一颗微尘。

我终于完成了一本育儿方面的著作，但是这与人类与生俱来的“育儿才能”相比是微不足道的。

坦白地说，我一直在这种想法下，不断地与原稿进行博弈。但是也正因为如此，我才能够淋漓尽致地把——人只有获得别人的肯定后才能发挥出自己最大的可能性——这样的育儿理念表达出来。

生物就是通过上一代遗传给下一代的过程得以延续生存。我们人类和其他动物一样，通过模仿父母获得了顽强的生存能力。我们不仅从父母那里继承了遗传基因，还继承了他们的生活方式。这种生活方式，就是爱的语言、爱的行动，也就是“自我肯定”，这也是我在本书中想要阐述的主要观点。

在没有爱的语言和爱的行为的地方，是不存在真正的教育的。

我倾情撰写的《卸下心灵的包袱》和《鼓励，孩子成长的助力》两本书皆由PHP研究所出版，在此一并向大家推荐。

最后，向为本书的出版发行尽心尽力，不断提出宝贵意见，并耐心鼓舞我的PHP研究所的宇佐美明美女士表示真挚的感谢。

山崎房一

图书在版编目(CIP)数据

日本妈妈的正能量亲密教养课/(日)山崎房一著;滕玉英译.
北京:中国经济出版社,2016.1
(好妈妈跟我学·全球教子智慧系列)
ISBN 978-7-5136-3624-7
Ⅰ.①日… Ⅱ.①山… ②滕… Ⅲ.①家庭教育—通俗读物 Ⅳ.①G78-49
中国版本图书馆 CIP 数据核字(2014)第 293564 号

著作权合同登记号:01-2015-8089
GAMIGAMI WO YAMEREBA KODOMO WA NOBIRU
Copyright © 1991 by Fusaichi YAMAZAKI
First published in Japan in 1991 by PHP Institute, Inc.
Simplified Chinese translation rights arranged with PHP Institute, Inc.
through CREEK & RIVER CO.,LTD. and CREEK & RIVER SHANGHAI CO., Ltd.

策划编辑 崔姜薇
责任编辑 张 博
责任审读 贺 静
责任印制 马小宾
封面设计 任燕飞装帧设计工作室
插画设计 赵月焱

出版发行 中国经济出版社
印 刷 者 北京科信印刷有限公司
经 销 者 各地新华书店
开 本 787mm×1092mm 1/32
印 张 6.125
字 数 88 千字
版 次 2016 年 1 月第 1 版
印 次 2016 年 5 月第 2 次
定 价 36.00 元
广告经营许可证 京西工商广字第 8179 号

中国经济出版社 **网址** www.economyph.com **社址** 北京市西城区百万庄北街 3 号 **邮编** 100037
本版图书如存在印装质量问题,请与本社发行中心联系调换(联系电话:010-68330607)

版权所有 盗版必究(举报电话:010-68355416 010-68319282)
国家版权局反盗版举报中心(举报电话:12390) 服务热线:010-88386794